Beltz Taschenbuch 896

Über dieses Buch:
Alle, die mit Kindern leben – ob als Eltern oder als professionelle Erzieher – geraten in Situationen, in denen sie einem Kind begegnen, das trauert, weil es mit Trennung und Verlust fertig werden muss. Wenn Eltern sich trennen, wenn Freunde sterben, wenn neue Pflegeeltern gefunden werden müssen, wenn Geschwister sterben, müssen wir sensibel sein gegenüber möglichen Verbindungen zwischen Trauer und körperlichen Symptomen, zwischen Trauer und Hyperaktivität oder übertriebenem Rückzug und anderen Auffälligkeiten. Wir müssen die Worte finden und Wege, unsere Kinder zu begleiten und ihnen eine Perspektive für ihr Leben zu öffnen. Genau darum, die Zukunft der Kinder zu gewinnen, geht es in diesem Buch.

Denn Kindern, die mit Trennung, Tod oder einem tiefgreifenden Verlust konfrontiert sind, muss geholfen werden, auf konstruktive Weise mit ihrer Trauer fertig zu werden. Weil dies weder für Eltern noch für die, die mit den Kindern zu tun haben, einfach ist, bietet das Buch der in der Beratungstätigkeit langjährig erfahrenen Familienpsychologin eine Fülle praktischer Methoden, um Kinder zu unterstützen, mit ihren starken Gefühlen, Verhaltensschwierigkeiten und mit der Verwirrung fertig zu werden, die gemeinhin auf den Verlust einer geliebten Person oder vertrauten Umgebung folgen.

Die Autorin:
Claudia Jewett Jarratt ist Kinder- und Familientherapeutin und Dozentin an verschiedenen amerikanischen Universitäten.

Claudia Jewett Jarratt

Trennung, Verlust und Trauer

Was wir unseren Kindern sagen –
wie wir ihnen helfen

Aus dem Amerikanischen von
C. Wolfgang Müller

Titel der amerikanischen Originalausgabe:
Helping Children Cope with Separation and Loss
© 1982, 1994 Harvard Common Press
First published in the United States of America in 1982 by Harvard Common Press

Für Ihn, der für die Wiederkehr von Gesundheit, Liebe,
Hoffnung, Freude und Sinn sorgt.
Für Fran, mit deren Tod alles begann.
Und für Bob, einfach so ...

Das Werk und seine Teile sind urheberrechtlich geschützt. Jede Nutzung in anderen als den gesetzlich zugelassenen Fällen bedarf der vorherigen schriftlichen Einwilligung des Verlages. Hinweis zu § 52 a UrhG: Weder das Werk noch seine Teile dürfen ohne eine solche Einwilligung eingescannt und in ein Netzwerk eingestellt werden. Dies gilt auch für Intranets von Schulen und sonstigen Bildungseinrichtungen.

Beltz Taschenbuch 896

www.beltz.de

Alle Rechte der deutschsprachigen Ausgabe:
© 2006 Beltz Verlag · Weinheim und Basel
Umschlaggestaltung: Federico Luci, Odenthal
Umschlagabbildung: © Mauritius, Mittenwald
Satz: WMTP, Birkenau
Druck und Bindung: Druck Partner Rübelmann, Hemsbach
Printed in Germany

ISBN 13: 978-3-407-22896-3
ISBN 10: 3-407-22896-1

Inhaltsverzeichnis

Vorwort 9

1. Wie wir *es* den Kindern sagen 13

Wer die Nachricht überbringen sollte 16
Wann wir mit den Kindern sprechen sollten 17
Was man zuerst tun sollte 18
Wie Kinder denken 21
Kinder auf neue Situationen vorbereiten 26
Zeitweise Trennung von der Familie 26
Die täglichen Routinen 28
Kinder an Veränderungen beteiligen 30
Zurück in die Schule 32
Die Schule wechseln 33

2. *Es* ist schlimm – aber *es* ist nicht das Ende 37

Die Erfahrung vom Tod 38
Wenn ein Geschwister stirbt 40
Selbsttötungen 41
Abschiedsrituale 43
Kinder und Begräbnisse 44
Scheidungsschmerzen überwinden 46
Auch zeitweilige Trennungen sind bedeutungsvoll 48
Wenn Kinder misshandelt oder verlassen werden 51
Sexueller Missbrauch 53
Vernachlässigte Kinder 55

Elterliche Zurückweisung	57
Seelische Krankheiten	58
Inhaftierung	60
Drogenabhängigkeit	61
Kinder in ihren neuen Familien	62
Wie man ein Kind auf die neue Familie vorbereitet	64
Abschied und Ankommen arrangieren	66
Das Kerzenritual	68

3. Wie man den Kummer der Kinder verstehen kann ... 72

Aktuelle Trauer	74
Leugnen	74
Regression	77
Protest	80
Hyperaktivität	81
Alarm und Panik	82
Trennungsängste	84
Die Verarbeitungsphase	85
Verbittert sein und sich sehnen	89
Auf der Suche	91
Vorwürfe, Liebesentzug und Wut	95
Vermeidungen	97
Traurigkeit	99
Desorganisation	100
Verzweiflung	104
Integration von Verlust und Trauer	105

4. Wie man Kindern bei Trauer, Wut und Aggressionen helfen kann 108

Der Beginn eines Beratungsprozesses 110
Regeln bei Gesprächen über Gefühle 113
Gespräche mit Kindern 115
Gefühlsäußerungen richtig verstehen lernen 116
Fünf Gefühle abfragen 119
Fünf Gesichter 121
Geschichten erzählen 124
Der Umgang mit kindlicher Wut 125
Passiv-aggressives Verhalten 130
Über das Zeigen von Trauer 133

5. Wie man Kindern hilft, die Selbstachtung zu behalten und Selbstkontrolle zu gewinnen 137

Hinweise auf Selbstachtung 143
Selbstwert und Wechsel in der Erziehungsverantwortung 145
Wenn Scham im Spiel ist 148
Wege zur Wiederherstellung von Selbstachtung 149
Sich selber die Schuld geben 152
Kindern helfen, ihre persönliche Geschichte
zu verstehen 157
Kinder, die alles unter Kontrolle haben 158
Kinder, die Elternrollen spielen 160
Kinder, die Pflegeaufgaben übernehmen 162
Kinder in Opposition 164
Übertrieben passive und angepasste Kinder 165
Überängstliche Kinder 166
Wie man mit überängstlichen Kindern arbeiten kann .. 167

**6. Wir blicken mit den Kindern zurück,
wir bewegen uns weiter** 173

Missverständnisse ausräumen 181
Abschied nehmen 184
Wie man einen Fluch bannt 186
Wünsche und Phantasien 188

Schlusswort 194

Das Ende einer therapeutischen Begleitung 194

Literatur 198

Vorwort

Wir alle, die wir mit Kindern leben – ob als Eltern, als Verwandte oder als professionelle Erzieher –, geraten in Situationen, in denen wir einem Kinde begegnen, das trauert, weil es mit Trennung und Verlust fertig werden muss. Wenn Eltern sich trennen, wenn Freunde sterben, wenn neue Pflegeeltern gefunden werden müssen oder wenn Geschwister todkrank sind. Nahezu ein Viertel aller Kinder unter 18 Jahren lebt in Scheidungsehen. Nahezu jedes Kind erlebt den Verlust eines geliebten Anderen – sei er Freund, Verwandter, ja vielleicht auch ein Lieblingshund. In jeder Schule erlebt jedes Kind alle drei oder vier Jahre den Verlust eines Schul- und Spielkameraden.

Als Eltern sind wir natürlich in besonderer Weise betroffen, wenn unsere Kinder Trennung und Verlust erleiden. Vor allem wenn wir selber von Schmerz und Trauer geplagt werden. Aber auch als Klassenlehrer und als Heimerzieherin müssen wir immer wieder Wege finden, um Kindern zu helfen, die nahe Menschen verloren haben und die deutliche Veränderungen ihres Verhaltens und ihrer Handlungsweisen zeigen. Ärzte und Krankenschwestern müssen sensibel sein gegenüber den möglichen Zusammenhängen zwischen Trauer und körperlichen Symptomen und Auffälligkeiten wie Hyperaktivität, großer Lethargie, ungewöhnlichen Anfälligkeiten gegenüber Erkältungen und anderen Infektionskrankheiten. Familientherapeuten, Pfarrer, Sozialarbeiter und andere Angehörige beratender Berufe, brauchen Fähigkeiten, um Kinder zu verstehen und in schwierigen Fällen zu akzeptieren, die schmerzliche Verluste erlitten haben. Und ihr fachkundiger Rat ist gefragt, wenn es darum geht, Eltern und anderen zu raten, wie sie in angemessener Weise auf trauernde Kinder reagieren können. Nachbarn, Verwandte und

Freunde der Familie möchten oftmals helfen. Aber sie brauchen dazu ein vertieftes Verständnis dessen, was in den trauernden Kindern vor sich geht.

Denn die unmittelbaren Reaktionen trauernder Kinder auf Verluste, die sie erlitten haben, sind oftmals ungewöhnlich und bedürfen eines vertieften Verständnisses: Da gibt es die Angst ums eigene Überleben; da gibt es Trennungsängste; die eingeschränkte Fähigkeit, neue, positive emotionale Beziehungen aufzunehmen; Niedergeschlagenheit, Wut, Schuldgefühle, Scham, Depressionen und Verzweiflung; Probleme mit der Selbstkontrolle; eine verminderte Energie, die eigene Entwicklung voranzutreiben; Verlust von Selbstachtung; anhaltenden Pessimismus und das Gefühl eigener Nutzlosigkeit – dies alles sind immer wiederkehrende und durchaus »normale« Reaktionen bei trauernden Kindern. Es gibt Fachleute, die glauben, dass solche Kindheitserlebnisse und ihre Folgen für die innere Entwicklung und das soziale und familiäre Leben schwere emotionale und verhaltensmäßige Konsequenzen bis hinein ins Erwachsenenleben mit sich bringen können. Es gibt immer mehr Hinweise darauf, dass solche Erlebnisse eine enge Beziehung zu Depressionen, zu Alkoholismus, zu Lebensangst und Selbstmordneigung in späterer Kindheit und im Erwachsenenleben haben können.

Für alle Menschen, die mit Kindern arbeiten, ist es deshalb von großer Bedeutung, Trauer als einen wichtigen Faktor in der krisenhaften Entwicklung von Kindern zu erkennen. Aber Trauerarbeit mit Kindern war bisher kein besonders populäres Thema in der Ausbildung der erziehenden und helfenden Berufe. Selbst Professionelle haben deshalb häufig Schwierigkeiten zu verstehen, wie schwierige Verhaltensweisen eines Kindes eine direkte Beziehung zu seiner aktuellen Trauer haben können und wie dem Kind geholfen werden kann, sein Trauerverhalten in konstruktivere Ausdrucksformen innerer Spannungen zu überführen. Manchmal wird diese Trauer von uns Erwachsenen auch auf die leichte Schulter genommen und wir sind blind gegenüber ihren deutlich erkennbaren Folgen. Oder unsere Hilfe beschränkt sich lediglich auf die aktuelle Situation der Trauer und wir lassen die Kinder in den folgenden Phasen ihrer mehr oder weniger verdeckten Trauerarbeit allein. Kinder selbst sind häufig zurückhaltend bei der Offenlegung ihrer Trauer, weil sie fürchten, dass man sie nicht versteht oder dass Gespräche darüber ihren Schmerz noch vergrößern. Es ist deshalb kein Wunder, dass Kinder oftmals als die Generation der »vergessenen Trauernden« gesehen werden.

Als ich 1982 dieses Buch zum ersten Mal der Öffentlichkeit vorstellte, gab es noch keine entwickelten Methoden, um Kindern zu helfen, auf konstruktive Weise mit ihrer Trauer fertig zu werden. Dieses Buch sollte erste praktische Hinweise liefern. Es benannte spezifische Verhaltensweisen, die man bei einem Kind erwarten kann, das einen tiefgreifenden Verlust erlitten hat. Es sollte zeigen, wann und wie solche Verhaltensweisen zutage treten, sollte die Konsequenzen beschreiben, die unmittelbar nach dem Verlust auftreten können und solche, denen wir erst Jahre später begegnen können und sollte schließlich klare Vorschläge machen, wie Erwachsene auf diese Kinder und ihre Situationen eingehen können. Die Beschreibungen und Vorschläge, die ich in der ersten Auflage dieses Buches gemacht habe, sind in den folgenden 20 Jahren erweitert und vertieft worden. Das hängt mit meiner langjährigen Arbeit als Kinder- und Familientherapeutin zusammen und den theoretischen Grundlagen, die inzwischen ebenfalls verfeinert und verbreitet worden sind. Die gegenwärtige überarbeitete Auflage meines ursprünglichen Buches ist deshalb eine sinnvolle Hilfe für Eltern, andere Fürsorgeberechtigte, andere Angehörige helfender Berufe: Therapeuten, Erziehungsberaterinnen, Schulpsychologen, Lehrer, Erzieherinnen und Erzieher, Kinderärzte, Krankenschwestern, Pfarrer, Freunde der Familie und Verwandte – sie alle finden in diesem Buch die Beschreibung praktischer Methoden, um Kindern zu helfen, mit den starken Gefühlen, mit den Verhaltensschwierigkeiten und mit der Verwirrung fertig zu werden, die gemeinhin dem Erlebnis von Trennung, Verlust und Trauer folgen. Wenn es um einschneidende Ereignisse geht, die bei den betroffenen Kindern Trauer auslösen können, ist in aller Regel das erste Problem, wer das Kind über die eingetretene Situation, die Trennung und Verlust bedeutet, informieren soll. Das Buch beginnt deshalb mit einem Kapitel über diese auch für uns Erwachsene schwierige Informationssituation. Es folgt ein Kapitel mit Vorschlägen, wie Kinder über besondere Verlustsituationen am besten informiert werden können und wie man mit ihnen darüber spricht. Das dritte Kapitel zeichnet den typischen Verlauf der Trauerarbeit. Kapitel vier und fünf behandeln die Hilfe für Kinder, die in verschiedenen Phasen des Trauerprozesses stecken geblieben sind. Das abschließende Kapitel fasst noch einmal die drei Hauptaufgaben gemeinsamer Trauerarbeit zusammen: *Wir blicken zurück, wir lassen los, wir bewegen uns nach vorn.*

Wir übernehmen eine bedeutsame Aufgabe, wenn wir versuchen, trauernden Kindern zu helfen. Unser Erfolg hängt von unserer Bereitschaft ab, zuverlässige Unterstützung auch in Phasen schwieriger und manchmal verblüffender Verhaltensweisen zur Verfügung zu stellen. Die Vorschläge, die dieses Buch beschreibt, könnte diese schwierige Aufgabe klarer und vielleicht sogar leichter machen. Die Herausforderung ist groß, noch größer aber werden die Früchte dieser Arbeit sein. Die Methoden können helfen, den Kindern, für die wir Verantwortung tragen, den Weg in ein gesundes, erfülltes und reiches Leben zu öffnen.

1. Wie wir *es* den Kindern sagen

Seit er denken kann, hat Georg den Sommer immer zusammen mit Großvater und Großmutter verbracht. Vor allem mit dem Großvater hat ihn mancherlei verbunden. Sie haben zusammen Scherze gemacht und gelacht. Sie waren die Fans rivalisierender Fußballklubs und sie sind zusammen fischen gegangen. Und dann passierte es gerade am Ende des Schuljahres, dass Georgs Großvater an plötzlichem Herzversagen starb. Jemand musste es Georg sagen. Für seine Eltern war das eine zusätzliche Herausforderung neben der eigenen Trauer und der Notwendigkeit, die Formalitäten des Begräbnisses zu arrangieren und neue Pläne für den Sommer zu machen.

Lisa steht am offenen Fenster ihres Schlafzimmers. Sie hört die Kinder im Garten spielen und Tränen laufen ihr übers Gesicht. Lange haben sie und ihr Mann für die Entscheidung gebraucht, aber jetzt ist sie gefallen: Einer von beiden muss das Haus verlassen. Lisa fühlt sich verletzlich und hilflos. Wer soll es ihren Kindern sagen? Lisa wünscht, die Zeit würde stillstehen.

Gisela war als Familienfürsorgerin für Tabor verantwortlich und hat ihn vor zwei Jahren in einer Pflegefamilie untergebracht. Die Pflegefamilie hat ihr Bestes getan, um mit diesem schwierigen und aggressiven Kind klarzukommen. Jetzt ist ihr Eindruck übermächtig geworden, dass dies alles nichts genutzt habe. Immer wieder haben sich die Pflegeeltern über ihre zunehmenden Enttäuschungen ausgetauscht, weil ihre Bemühungen doch offensichtlich keinen Erfolg gehabt hatten und weil die Aufnahme von Tabor in ihre Familie einen offensichtlich negativen Effekt auf ihre eigenen Kinder hatte. Deshalb haben sie die Familienfürsorgerin gebeten, eine andere Pflegefamilie für Tabor zu suchen. Im Moment bewegen sie zwei Fragen:

Wird Gisela Tabor über die bevorstehende Herausnahme aus der Pflegefamilie informieren und wie kann sie die Pflegeeltern beraten, was diese Information in den nächsten Tagen für Folgen für das Verhalten von Tabor haben wird?

Erwachsene, die mit solchen und ähnlichen Situationen konfrontiert werden, denken meist zunächst und nahezu automatisch daran, wie sie diese Situationen am besten erträglich machen können, um den Schock zu mindern, welcher in der Botschaft liegt. Sie fragen sich, welche Art von Wahrheit die Kinder ertragen können und in welche Worte diese Wahrheit gekleidet werden muss. Wie viel kann unser Kind schon verstehen? Wann und wie sollten wir es informieren? Wer sollte diese Aufgabe übernehmen?

Für uns Erwachsene mobilisieren solche Fragen oftmals Erinnerungen an ähnliche Situationen, die wir selbst erlebt haben, und mobilisieren die damit verbundenen Gefühle. Manchmal möchten wir überhaupt nichts mit der ganzen Sache zu tun haben. Manchmal versuchen wir, die harten Tatsachen zu überspielen und die Situation in einem angenehmeren Licht erscheinen zu lassen: »Schau mal, jetzt wirst du eine neue Familie und neue Menschen haben, die gut zu dir sind«, »Wenn wir uns trennen, werden wir beide glücklicher sein. Ich werde mehr Zeit für dich haben und wir werden jedes Wochenende zusammen sein«, »Großmutter war wirklich sehr krank und hat sehr gelitten. Ihr Tod war für sie und für uns alle eine wirkliche Erlösung«. Das sind verständliche Rationalisierungen für die Erwachsenen, die die Botschaft überbringen müssen. Die skizzierten Begründungen mögen den betroffenen Erwachsenen ihre Botschaft erleichtert haben. Möglicherweise aber hinterließen sie die betroffenen Kinder verwirrt, unverstanden und mit großen Hemmungen, nun ihrerseits über ihre eigenen Gefühle zu sprechen. Vielleicht weil sie Angst haben, die Erwachsenen zu irritieren, vielleicht auch aus dem Gefühl heraus, dass weitere Gespräche nutzlos sind.

Als Erwachsene neigen wir zu dem Missverständnis, unsere

kindlichen Gesprächspartner schützen und sie vor Verletzungen und Schmerzen bewahren zu müssen, indem wir die Situation so normal und so wenig bedrohlich wie irgend möglich schildern. Oftmals tun wir so, als ob nichts Außergewöhnliches und Besonderes geschehen wäre, und hoffen dabei die emotionalen Wirkungen des Verlustes bei unseren kindlichen Gesprächspartnern zu mindern. Vielleicht denken wir, ein Kind sei noch zu jung oder zu zerbrechlich, um mit der gesamten Tragweite der Situation konfrontiert zu werden. Solche Einstellungen schweißen häufig ganze Familien zu einer Gemeinschaft des Schweigens zusammen und berauben Kinder gleichzeitig des Rechtes, ihre eigene Trauer auszudrücken und sich über ihre eigenen Gefühle Klarheit zu verschaffen. Schon John Bowlby, dessen Veröffentlichungen über Bindung und Trennung für das Verständnis kindlicher Erfahrungen von Trennung und Verlust von besonderer Bedeutung sind, glaubt, dass ein Kind mit Verlusten immer dann auf eine angemessene Weise fertig werden kann, wenn

1. das Kind eine vergleichsweise sichere Beziehung zu der Person entwickeln konnte, die weggeht (oder gestorben ist);
2. das Kind schnelle, wirklichkeitsgetreue Informationen darüber erhält, was passiert ist, und wenn es gleichzeitig die Möglichkeit hat, alle Arten von Fragen zu stellen, auf die wir Erwachsenen so ehrlich wie möglich antworten, wobei wir auch deutlich machen sollten, dass wir nicht in allen Fällen die Antwort wissen;
3. wir dem Kind erlauben, an der Trauerarbeit der Erwachsenen sowohl öffentlich als auch im privaten Familienkreise teilzunehmen;
4. das Kind einen leichten und zuverlässigen Zugang zu einem Erwachsenen des eigenen Vertrauens besitzt, auf den es sich auch in Zukunft für Trost und Unterstützung verlassen kann.

Wer die Nachricht überbringen sollte

Weil wahrscheinlich alle Kinder eine fundamentale und ursprüngliche Angst davor haben, dass den Erwachsenen, die für sie sorgen, etwas Schlimmes passiert und dass sie ohne diese Erwachsenen und ihren Schutz hilflos sind und sterben könnten, ist es das Beste, dass die schlimme Nachricht von dem Erwachsenen überbracht wird, der mit dem Kind am engsten verbunden ist – sei es Vater oder Mutter, sei es die Pflegemutter oder ein anderer, der dauerhaft und zuverlässig für das Wohl des Kindes sorgt. Solcher Zugang einer Person, mit der das Kind eine ununterbrochene Geschichte von Zuverlässigkeit und Vertrauen verbindet, von Zuneigung und Engagement, ist eine bedeutsame Hilfe während jeder Krise, die mit gravierenden Veränderungen verbunden ist. Dieser Zugang versichert dem Kind, dass es nicht allein ist, dass es andere Menschen gibt, die auf zuverlässige Weise zur Verfügung stehen und die ihm Schutz und Zuwendung geben.

Wenn die Trennung damit verbunden ist, dass ein Elternteil das Haus verlässt (weil er den Arbeitsplatz wechselt, weil die Eltern sich trennen, wegen schwerer und dauerhafter Krankheiten oder einer Inhaftierung), ist es das Beste, wenn beide Eltern zusammen die Botschaft überbringen, damit das Kind die Chance hat, die Reaktion jedes Einzelnen wahrzunehmen und zu verstehen, dass beide an der Trennung beteiligt und dass sie trotzdem noch immer eine Familie sind. Wenn die Trennung das Ergebnis eines elterlichen Konfliktes ist (also bei Trennung oder Scheidung), ist es besonders wichtig für jeden Elternteil, die Wahrscheinlichkeit zu verringern, dass das Kind im Spannungsfeld des elterlichen Konfliktes gezwungen wird, sich für eine Seite zu entscheiden und für eine Person Partei zu ergreifen. Wenn es sich als unmöglich erweist, zusammen mit dem Kind zu sprechen, dann müssen die Partner dieses Gespräch so schnell wie möglich getrennt arrangieren. Beide sollten aber in gleicher oder ähnlicher Weise betonen, dass ihre positiven Gefühle und ihre Liebe für das Kind mit der Trennung nichts zu tun haben und dass vor allem das Kind nicht die Ursache für die Veränderung der Familiensituation darstellt.

Wann wir mit den Kindern sprechen sollten

Die beste Art, Kindern zu helfen, mit wichtigen Veränderungen und Verlusten fertig zu werden, besteht darin, sie so schnell wie möglich zu informieren, sobald die Veränderungen definitiv sind. Wenn man die Informationen darüber verzögert, unterschätzt man häufig, wie sensibel Kinder auf elterliche Spannungen und Trennungsabsichten reagieren. Frühe Informationen sind wichtig, weil sich Kinder in der Regel ihre eigenen Gedanken über die Vorgänge machen und frühzeitig in die Lage versetzt werden sollten, sich auf die neue Situation einzustellen. Kinder haben dann die Möglichkeit, sich an die neue Situation zu gewöhnen, Fragen zu stellen und sich mit dem Prozess der Trennung auseinander zu setzen. Sie können dann im besten Falle Bewältigungsstrategien entwickeln, ehe diese in der Realität nötig werden. Wer über die notwendigen Veränderungen spricht, kann Einverständnis darüber anbahnen, dass diese Veränderungen zwar hart sind, dass das Kind aber sowohl den Verlust als auch die damit verbundene Trauer bewältigen kann: dass nichts so schrecklich ist, dass man nicht darüber sprechen und dass man nicht damit fertig werden könnte.

Es gibt natürlich Schwierigkeiten, solche Konfliktgespräche schnell und direkt zu führen. Ich denke an eine Mutter, der nur die kurze Zeit für ein Gespräch bleibt, wenn sie ihre Kinder aus der Schule abholt und ihnen gleichzeitig sagen soll, dass ihr Vater plötzlich verstorben ist. Gezeichnet vom Schock ist es verständlich, dass sie das Gespräch mit den Kindern aufschieben möchte, dass sie vermeiden möchte, mit ihnen konfrontiert zu werden, oder dass sie mindestens starke Reaktionen ihrer Kinder vermeiden möchte. Aber es wäre dennoch besser für sie, ihren eigenen Schmerz nicht zu verbergen und starke Reaktionen zuzulassen, solange sie den Kindern klar machen könnte, dass sie nicht von ihnen erwartet, dass sie die Probleme der Mutter lösen könnten. Ihre Kinder würden es dabei umso einfacher haben, je mehr erwachsene Freunde und Verwandte sie unterstützen, weil auf diese Weise deutlich wird, dass ihre Mutter in kompetenten, fürsorglichen und erwachsenen Händen ist. Wenn sich die Mutter danach wegen weiterer Hilfe einer Selbsthilfegruppe anschließt, wäre es hilfreich, wenn das Kind oder die Kinder mit dem Leiter oder der Leiterin dieser Gruppe sprechen könnten, damit sie die Überzeugung gewinnen, dass auch die anderen erwachsenen Helfer wissen, wie wichtig die Mutter ist, und dass sie so lange unterstützt wird, wie sie der Hilfe bedarf.

Was man zuerst tun sollte

Womit sollen wir beginnen, wenn wir Kinder mit einer Nachricht konfrontieren müssen, die für sie Trennung, Verluste und Trauer bedeutet? Eine Möglichkeit ist es, mit der Realität zu beginnen, so wie wir sie als Erwachsene erleben: »Die Ärzte sagen, dass es Großmutter sehr schlecht geht. Dass sie sehr krank ist. Dass sie nicht wieder nach Hause kommen wird. Sie denken, dass sie sterben muss.« Eine Sozialarbeiterin, die ein Kind in einer neuen Pflegefamilie platzieren muss, könnte sagen: »Deine Pflegeeltern sind nicht mehr die Jüngsten. Sie haben Schwierigkeiten, mit dir all die Dinge zu machen, die sie gerne mit dir machen würden. Wir alle denken, dass die Zeit gekommen ist, um für dich eine neue Mutter und einen neuen Vater zu finden, die sich um dich kümmern werden, weil du inzwischen ja auch viel älter geworden bist.« Wenn eine notwendige Trennung überraschend kommt und es keine Möglichkeit gibt, Kinder angemessen auf sie vorzubereiten, sollte man das Problem so direkt wie möglich ansprechen: »Deine Mutter und ich haben in der Vergangenheit eine Reihe von Schwierigkeiten gehabt, die immer größer geworden sind. Wir haben versucht, sie gemeinsam zu lösen. Wir wollten dich nicht da reinziehen und haben deshalb so getan, als wäre alles in Ordnung. Wir haben versucht, alleine damit klarzukommen. Aber jetzt hat sich die Situation so zugespitzt, dass wir das Ganze nicht mehr für uns behalten können.« Oder: »Du weißt, heute Morgen ist deine Schwester mit dem Rad weggefahren. Sie hatte einen Unfall. Ein Auto hat sie angefahren und sie ist tot.« Oder ein Sozialarbeiter könnte einem Kind erklären: »Deine Mutter hat in letzter Zeit mit einer Reihe von Schwierigkeiten zu kämpfen, die immer größer geworden sind. Sie braucht eine Auszeit, um herauszufinden, wie sie für sich selber sorgen und gleichzeitig die Verantwortung für dich übernehmen kann. Sie wird jetzt erst einmal in ein Krankenhaus gehen, um sich wieder frei von Giften zu machen. Und als Sozialarbeiter will ich helfen, jemanden zu finden, der in der Zwischenzeit für dich sorgt.«

In solchen Situationen werden wir immer wieder feststellen, dass Kinder unseren Informationen nicht glauben, dass sie sich weigern, ein schlimmes Ereignis ins Auge zu fassen: Vielleicht wird der Vater seine Meinung ändern – hofft das Kind. Vielleicht wird die Schwester sich wieder erholen – denkt der Bruder. Es ist nicht ungewöhnlich, dass ein Kind die schlimme Botschaft erst dann glaubt, wenn das Ereignis wirklich eingetreten ist. Und selbst dann wird es möglicherweise glauben, dass es sich um einen vorübergehenden Zustand handelt. Es gibt Kinder, die auf die schlimme Nachricht ganz cool reagieren und erst sehr viel später weinen, vielleicht in die Kopfkissen. Andere nehmen ihr Spiel wieder auf, als wäre nichts geschehen. Es gibt Kinder, die sich weigern, zuzuhören. Sie bestehen darauf, den Gesprächsgegenstand zu wechseln, oder ertränken die schlimme Botschaft in selbst erzeugtem Lärm. Sie halten sich die Ohren zu oder geben vor, eingeschlafen zu sein. Sie steigen aus dem Gespräch aus und machen sich zu oder vereisen. Erwachsene reagieren auf solche Verhaltensweisen, die eine Art Selbstschutz signalisieren, häufig hilflos oder ärgerlich und versuchen herauszufinden, was das Kind nun tatsächlich gehört und verstanden hat.

Je direkter und wahrheitsgemäßer wir Kindern eine schlimme Botschaft übermitteln, umso größer ist die Chance, dass die Kinder mit ihr und ihren Folgen klarkommen. Es ist dabei nicht so sehr von Bedeutung, wie wir beginnen und ob wir jedes einzelne Detail in der richtigen Reihenfolge schildern. Oftmals zeigen uns die Kinder selber den Weg zu einer realistischen und wahrheitsgemäßen Schilderung, indem sie konkrete Fragen stellen und damit zeigen, welche Informationen sie brauchen und wann sie sie brauchen. Wir sollten deshalb auf ihre Fragen hören und sie als Wegweiser benutzen, um die Geschichte zu erzählen. Häufig verbinden Kinder fremdes Unglück mit einer befürchteten eigenen Schuld. Sie rufen: »Ihr hasst mich alle!« Dahinter steht die Frage: »Liebt ihr mich eigentlich noch?« Oder sie sagen: »Vati hat sich nie darum gekümmert, wie es mir geht!« Dahinter könnte die Frage stehen: »Geht er weg, weil er sich nicht genug um mich gekümmert hat?« Manchmal wird es auch notwendig sein, Interpretationen von Kindern, die in die Irre führen könnten, auf vorsichtige Weise zu korrigieren. Vielleicht sagt ein Kind zu seinen Eltern, die sich trennen wollen: »Auch die Eltern von Robin haben sich dauernd gestritten. Immer ging es um Geld. Aber dann hat der Vater eine Gehaltserhöhung bekommen und alles war wieder O.K.« Dann wäre es vielleicht angemessen, wenn Sie als betroffene Mutter sagen: »Das Geld ist eigentlich nicht das Hauptproblem zwischen mir und deinem Vater.« Wer Kindern eine schlimme Botschaft überbringt, die gravierende Folgen für das Leben dieser Kinder hat, der sollte ehrlich und deutlich sein und nicht um den heißen Brei herumreden in der falschen Hoffnung, damit seine kindlichen Gesprächspartner zu schonen. Aber noch andere Haltungen sind in solchen Situationen von Bedeutung. Als Mitbetroffene sollten Sie versuchen, deutlich zu machen, dass Sie selber von der Situation betroffen sind und dass Sie versuchen, Auswege zu finden, die für die Kinder hilfreich sein werden. Sie sollten zeigen, dass Sie auf die Einwände der Kinder hören, ohne ihre Äußerungen, Gedanken und Gefühle zu zensieren. Dass Sie dem Kind genügend Zeit geben, sich auf die neue Situation einzustellen.

Wie Kinder denken

Kinder nehmen fremde Informationen auf eine andere Weise auf als Erwachsene. Sie verarbeiten sie anders und bewerten sie anders, als wir es von uns selber gewöhnt sind. Und dieser Prozess der Informationsverarbeitung ist von ihrem Alter und ihrer Reife abhängig. Es gibt Dinge, die machen für einen 9-Jährigen absolut Sinn. Sie sind gleichzeitig für 5-Jährige unverständlich und verwirrend. Sie sollten versuchen, sich an den jeweiligen Grad der Informationsverarbeitung durch ihre kindlichen Gesprächspartner anzunähern. Im Alter vom zweiten bis etwa zum siebenten Lebensjahr neigen Kinder dazu, ihre Welt zu personalisieren und für alles, was um sie herum geschieht, ihre eigenen Gedanken, Wünsche und Handlungen ursächlich verantwortlich zu machen. Diese Phase ihres Denkens wird häufig »magisches Denken« genannt. Sie filtern aus Botschaften, die sie erreichen, häufig eine Antwort auf die Frage heraus: »Welche Rolle habe ich dabei gespielt?« Wenn einem Kind, das in einer Pflegefamilie untergebracht werden muss, gesagt wird: »Deine Eltern konnten sich einfach nicht länger um dich kümmern«, kann das Kind diese Botschaft dahingehend verstehen, dass »in meinem eigenen Verhalten etwas so schlimm gewesen sein muss, dass selbst meine eigenen Eltern nicht in der Lage waren, es zu tolerieren«. Deshalb sollte der erwachsene Gesprächspartner in solchen Fällen das »Du« überhaupt vermeiden und lieber sagen: »Deine Eltern waren in einer schwierigen Situation und konnten für überhaupt kein Kind mehr Verantwortung übernehmen.«

Kinder in der Phase dieses magischen Denkens neigen auch dazu, Redewendungen von uns Erwachsenen wörtlich zu nehmen, die wir – ohne dass uns das noch bewusst wäre – in einem übertragenen Sinne verwenden. Wenn wir sagen: »Damals haben wir Opa verloren«, so kann es vorkommen, dass Kinder verstehen: »Wir haben ihn alleine gelassen und haben ihn dann nicht wieder gefunden.« Wenn wir sagen: »Sie hat ihre ewige Ruhe gefunden«, kann das bedeuten, dass Kinder Angst davor haben, abends einzuschlafen, weil sie nicht wissen, ob sie am nächsten Morgen wieder erwachen. In dieser Phase neigen Kinder dazu, das, was Erwachsene untereinander sagen, allzu wörtlich zu nehmen und Realität und Gleichnis ebenso wenig auseinander zu halten wie Realität und Phantasie. Die Geschichten, die Kindern in den Bilder- und Massenmedien erzählt und vorgeführt werden, unterstützen diese Vermischung von Realität und Phantasie und machen den Schrecken einerseits zu einer alltäglichen Erscheinung. Andererseits aber nehmen sie ihm auch seine Faktizität, weil ja »jeder nur seine Rolle spielt«. Und auch wenn er stirbt, spielt er eben seine Rolle als einer, der stirbt und der hinterher einfach wieder aufsteht.

Dieses magische Denken verschwindet im Laufe der Zeit, aber die Tendenz, immer wieder einmal Ursachen und Wirkungen miteinander zu verbinden, die in der Realität nichts miteinander zu tun haben, bleibt bestehen. Immer wieder ertappen wir uns bei dem Verknüpfen von nichtkausalen Ereignissen: »Wenn ich einen anderen Partner gefunden hätte, könnte ich ein besseres Leben führen«, »Wenn ich 10 Pfund weniger wiegen würde, hätte ich mehr Erfolge bei den Jungens«, »Wenn ich damals nicht auf den schlechten Rat meiner Schwiegermutter gehört hätte, wäre ich heute ein reicher Mann«.

Magisches Denken ist anscheinend in allen Phasen unserer Entwicklung allgegenwärtig. Deshalb sollten wir versuchen, ihm entgegenzuwirken, indem wir immer wieder auf eine Realität verweisen, die nicht nur bedrohlich ist, sondern die auch hilfreich sein kann. Dazu gehört es zunächst einmal, Kindern das

Gefühl zu nehmen, dass sie für eingetretene schwierige oder schreckliche Situationen mitverantwortlich sind. Die Botschaft sollte lauten:

1. Es ist nicht deine Schuld. Nicht weil du schlimm warst oder keine Liebe verdient hast, sind wir jetzt in einer schwierigen Situation. Du bist nicht für sie verantwortlich. Aber du kannst dir selber helfen, sie zu überwinden.
2. In der gegenwärtigen schwierigen Situation hast du ein Recht auf deine eigenen Gefühle. Es kann sein, dass diese Gefühle anders sind als die von Erwachsenen. Keiner hat ein Recht, dir deine Gefühle vorzuschreiben.
3. Du hast alle Zeit, die du brauchst, um dir über die neue Situation und über deine Gefühle klar zu werden.
4. In dieser Zeit wird sich jemand verantwortlich, zuverlässig und jederzeit erreichbar um dich kümmern.

Auf die Phase des magischen Denkens folgt die Phase des »konkreten Denkens«. Sie umfasst in vielen Fällen die Zeit zwischen dem 6. und dem 12. Lebensjahr. In dieser Phase denken Kinder in absoluten Gegensätzen von »gut« und »schlecht«, »immer« und »niemals«, »entweder–oder«. Für diese Art holzschnitthaften Denkens – die übrigens auch bei vielen Erwachsenen ein Leben lang beibehalten werden kann – ist wenig Platz für Differenzierungen, unterschiedliche und modifizierende Einschätzungen und das von vielen von uns für unentschieden gehaltene »einerseits–andererseits«. Die Gegenstände, Situationen und Personen müssen klar beschrieben und eingeordnet werden. Gerade bei notwendigem Wechsel von Bezugspersonen im Erziehungsprozess ist diese Form des hermetischen Denkens in unversöhnlichen Gegensätzen eine große Schwierigkeit und verbaut häufig den Weg zu neuen, auf den ersten Blick ungeliebten Bezugspersonen. Es erschwert gleichzeitig die notwendige Trennung von anderen Bezugspersonen, die den Kindern ans Herz gewachsen sind, obwohl es vielerlei schwerwiegende Gründe gibt, die Verbindung zu ihnen zu unterbrechen. Auch hier gilt die Regel, dass es wenig sinnvoll ist, den kindlichen Gefühlen argumentativ zu widersprechen. Gefühle sind Gefühle und können nur durch dauerhafte und zuverlässige neue Erfahrungen modifiziert werden. Gefühle kann man nicht dekretieren, auch wenn es für viele Erwachsene naheliegend ist, den Versuch dennoch zu unternehmen. Auf der anderen Seite wäre es jedoch Ausdruck eigener Hilflosigkeit, eigene Einstellungen, Wertungen und Gefühle zu verschweigen oder zu unterdrücken. Kinder haben ein Recht darauf, zu erfahren, was *wir* denken, was *wir* fühlen und wie *wir* bestimmte Situationen einschätzen. Unterschiedliche Wertungen stehen für eine gewisse Zeit nebeneinander. Sie sind unter anderem Ausdruck unterschiedlicher Lebensweisen, kultureller Traditionen und Entwicklungsphasen. Es kann nicht die Aufgabe einer realistischen Erziehung sein, in jeder dieser Phasen das Ideal entwickelter Persönlichkeit einzuklagen. Das Recht auf die Eigengesetzlichkeit kindlicher Entwicklung muss beachtet werden. Gleichzeitig soll dies nicht bedeuten, dass wir problematische Ausdrucksweisen dieser Eigengesetzlichkeit kommentarlos hinnehmen und den Eindruck erwecken, dass es sich um wünschenswerte Endzustände handele.

Dabei ist es immer wieder hilfreich, von der Bewertung von Situationen auf die Rekonstruktion dieser Situationen selber zurückzukommen. Dabei kann es hilfreich sein, an die Beobachtungsfähigkeit von Kindern für Situationen, Ereignisse und Personen zu appellieren und an diese Beobachtungen anzuknüpfen. So könnte ein Ehemann, der sich in einer gravierenden Auseinandersetzung mit seiner Frau befindet, zur Tochter sagen: »Wenn du gehört hast, wie wir uns stritten, wirst du dich sicher gefragt haben, was da eigentlich vorgefallen ist. Und vielleicht hat es dich auch belastet und du hattest Angst?«

Eine solche offene Frage kann einem Kind das Gefühl geben, dass es als eigenständige Person gefragt ist und dass ihm eigene Gefühle zugetraut werden. Die Frage nach kindlichen Beobachtungen und die Bestätigung, dass solche Beobachtungen auf der Erscheinungsebene korrekt waren, kann Kindern das Gefühl vermitteln, dass sie als wahrnehmende und denkende Personen gefragt sind, dass sie wichtige Ereignisse wahrnehmen und eigene Urteile abgeben können. Es scheint überhaupt sinnvoll zu sein, die alte Arbeitsteilung zwischen Erwachsenen und Kindern zu relativieren, der zufolge Kinder die Fragen stellen und Erwachsene die Antworten geben. Es mag Familien geben, in denen Kinder entmutigt werden, die Interaktionen von Erwachsenen zu beobachten, zu kommentieren und in Frage zu stellen. Es wäre sehr hilfreich, wenn solchen Kindern vermittelt werden könnte, dass es völlig in Ordnung ist, wenn sie bei den Erwachsenen Dinge wahrnehmen, die sie nicht in Ordnung finden. Wenn es beispielsweise um die Trennung von Eltern geht, sollten wir dem ungeschriebenen Gesetz widersprechen, dass Kinder nicht neugierig die Konflikte ihrer Eltern betrachten und naseweis über sie befinden sollen, sondern wir sollten die betroffenen Kinder ermutigen, ihre eigenen Beobachtungen über das, was in ihren Familien vorgeht, ernst zu nehmen und auszusprechen und sollten mit ihnen darüber befinden. Wenn Eltern sich trennen, dann ist das keine Sache, die ihre Kinder nichts angehen würde. Ganz im Gegenteil: Die Trennung ist einer der wesentlichen Eingriffe in das Leben dieser Kinder. Es muss ihnen nicht nur erklärt werden, sondern ihnen muss geholfen werden, schwerwiegende Konsequenzen dieser Trennung zu verarbeiten. Wenn es dabei um Themen geht, die wegen ihrer tiefgreifenden persönlichen oder finanziellen Aspekte nicht mit den eigenen Kindern diskutiert werden sollen, dann wäre es angemessen, zu sagen: »Eure Frage ist O.K., aber die Antwort berührt eine Reihe von sehr persönlichen Dingen und über die möchte ich im Augenblick nicht reden.«

Kinder auf neue Situationen vorbereiten

Es geht ja nicht nur um unwiderrufliche Trennung durch Krankheit, Unfall und Tod, sondern auch und meist um eine Trennung von weiterlebenden geliebten Personen. Nachdem mit den betroffenen Kindern diese bevorstehende Trennung bearbeitet worden ist, geht es darum, ihnen die Möglichkeit zu geben, den Abschied zu ritualisieren und »Auf Wiedersehen« zu sagen. Ein solches Ritual ist nicht nur ein schmerzlicher, sondern gleichzeitig auch ein hilfreicher und heilender Prozess. »Auf Wiedersehen sagen« bedeutet, die Erinnerungen zu vergegenwärtigen und die vielen guten Erfahrungen, die man gemeinsam gemacht hat und die auch nach der Trennung nicht verloren gehen werden, zu bewahren. Sie erlauben dem Kind, die Gefühle auszudrücken, die es mit diesen Erfahrungen verbindet. Der Blick zurück und der Blick nach vorn machen den Weg frei für Wünsche und Hoffnungen, die auf den weiteren Lebensweg des Abschied nehmenden Kindes gerichtet sind. Im nächsten Kapitel werde ich mich eingehender mit den damit verbundenen Fragen beschäftigen.

Zeitweise Trennung von der Familie

Bei schweren Krankheitsfällen oder beim Todesfall in der eigenen Familie möchten wohlmeinende Eltern ab und an den Versuch machen, ihre Kinder für einige Zeit zu einem Freund oder zu einem Verwandten zu schicken, der für sie sorgt. Das ist einerseits verständlich, andererseits kann es aber auch die Kinder in einem Zustand emotionaler Unsicherheit zurück- und allein lassen. Andererseits sind Heranwachsende nicht nur von ihrer Ursprungsfamilie abhängig, sondern leben auch von der emotionalen Unterstützung ihrer gleichaltrigen Freundinnen und Freunde. Es erscheint deshalb sinnvoll, Heranwachsenden zu erlauben, im Falle akuter Krankheits- oder Todesfälle in der eigenen Familie eine bestimmte Zeit bei Freunden oder Verwandten zu verbringen, um Abstand von der familiären Situation und ihren Belastungen zu gewinnen. In solchen Fällen neigen junge Leute dazu, ihre Zeit sowohl in der eigenen Familie als auch bei Freunden zu verbringen mit der Freiheit, dies von Situation zu Situation neu zu entscheiden. Solche Arrangements bedeuten keine fehlende Loyalität zur eigenen Familie. Sie können vielmehr für alle Beteiligten hilfreich sein, wenn sie nicht gleichzeitig die Bedürfnisse und Funktionen anderer Familienmitglieder verletzen.

Nach schmerzhaften Trennungen von bedeutsamen Bezugspersonen ist es in vielen Fällen hilfreich, an Zeiten gemeinsamen und erfüllten Lebens zu erinnern und sie lebendig zu halten, auch wenn sie der Vergangenheit angehören: »Ich erinnere mich noch gut daran, wie dein Vater die Zeichnungen, die du im Kindergarten gemalt hast, hinter seinem Schreibtisch aufgehängt hat, weil er so stolz auf dich war.« Erinnerungen an wichtige Personen und Plätze sollten gepflegt werden. Die Erinnerung an bedeutsame Jahrestage kann die Beziehung eines Kindes zu Situationen und Personen lebendig erhalten, die bedeutsam waren und nun der Vergangenheit angehören.

An Muttertagen und Vatertagen – aber nicht nur bei solchen Gelegenheiten – sollten Kinder ermutigt werden, wichtigen Personen, mit denen sie nicht länger zusammen sind, einen Brief zu schreiben, ein Bild zu malen oder sie sich in anderer Weise in Erinnerung zu rufen. Das gilt übrigens auch für Kinder, die missachtet oder missbraucht worden sind oder die aus Familien stammen, in denen Angehörige wegen körperlicher oder seelischer Krankheiten oder wegen der Verbüßung einer Haftstrafe an festen Orten untergebracht werden. Häufig sind die regelmäßigen und vorbereiteten Besuche an diesen Orten eine Möglichkeit, das Schicksal der Eltern zu verstehen, ohne es zu leugnen oder überzubetonen.

Auch in Situationen, in denen kein Kontakt mehr möglich ist, weil die Trennung durch Tod, Familienkonflikt und anonyme Adoption endgültig war, kann die Erinnerung an wichtige Bezugspersonen lebendig gehalten werden. Die Geburtstage der Kinder selbst können dafür ein möglicher Anlass sein.

Die täglichen Routinen

Der Verlust eines Familienmitgliedes oder seine Trennung von der Familie bedeuten immer einen drastischen Einschnitt in die Routinen des familiären Alltagslebens. In solchen Fällen ist es sinnvoll, die bisherigen Routinen entweder beizubehalten oder in einer gemeinsamen Familienberatung neu zu ordnen. Für Kinder ist es eine wichtige Angelegenheit, zu wissen, zu erfahren und mit zu entscheiden, wer in Zukunft den Müll entsorgen und für die gebrauchte Wäsche zuständig sein wird. Solche Fragen sind Ausdruck einer entlastenden Sicherheit, dass das Leben weitergehen wird und dass wir alle im gegenwärtigen Chaos versuchen werden, unsere Pflicht zu tun und uns gegenseitig zu helfen. Wenn wir freitags immer in die Pizzeria gegangen sind, dann soll der Freitag weiterhin unser Pizza-Tag bleiben.

Wenn Vater oder Mutter sterben oder sich trennen, werden Kinder mit einer Reihe von Folgeveränderungen konfrontiert, die sie manchmal nur schwer verkraften können. Der Elternteil, der im Hause geblieben ist, muss sich häufig um einen neuen Arbeitsplatz kümmern oder hat eine andere und längere Arbeitszeit als bisher. Die finanzielle Situation der nun Alleinerziehenden mag sich verschlechtern. Der Lebensstandard der Restfamilie sinkt und macht es nötig, auf lieb gewordene Gewohnheiten zu verzichten.

Auch Kinder, die eine Schwester oder einen Bruder verlieren, werden von massiven Veränderungen bedroht. Plötzlich sind sie das einzige Kind; plötzlich sind sie der Älteste und fühlen sich mit neuen Verantwortungen belastet. Sie haben einen Spielgefährten verloren, einen Verbündeten oder einen Rivalen. Und damit werden auch alle die familiären Interaktionen und Erwartungen zerstört, die mit den eigenen Beziehungen verbunden waren.

Wenn die geschiedene Mutter oder der geschiedene Vater wieder heiratet, dann ist das oft mit einem Umzug verbunden, mit einer neuen Wohnung, einer neuen Nachbarschaft, einer neuen Schule und mit Wahrscheinlichkeit auch mit einer mit neuen Kindern neu zusammengestellten Familie. Das »geschiedene« Kind muss sich nicht nur daran gewöhnen, seinen Elternteil mit einem neuen Partner zu teilen, sondern es muss sich auch an die Kinder des neuen Partners gewöhnen. Oder ein Kind muss zusehen, wie die geliebte Schwester in einer engen Freundschaft mit einem neuen Stiefgeschwister verschwindet. Oder es verliert die gewohnte Rolle als die Älteste, das einzige Mädchen, die Jüngste, die Cleverste. Wer als Einzelkind aufgewachsen ist, muss sich nun daran gewöhnen, *einer* in einer Kindergruppe zu sein. Ein Kind, das daran gewöhnt war, von seinen Eltern als gleichberechtigt behandelt zu werden, mag einen Schock erleben, wenn es wieder in die alte Kinderrolle zurückgestuft wird.

Wenn ein Kind in eine neue Familie kommt, ändert sich alles: Das Licht fällt anders durch die Fenster, wenn es zu Bett geht und wenn es aufwacht, der Geruch des Hauses und die Geräusche, die Farben und die Möbel, das Essen und die Erwartungen der Eltern, die Routine und das Tempo des täglichen Lebens – das alles ist neu und ungewohnt und mit Unsicherheiten und Befürchtungen verbunden. Es ist so, als wenn man ein neues, unbekanntes Land betritt: Nichts ist so, wie es war. Alles flößt Furcht ein und mobilisiert neue Unsicherheiten.

Man sagt gemeinhin, dass Kinder zwischen dem 1. und dem 5. Lebensjahr vor allem eine unmittelbare Bedrohung ihrer eigenen Sicherheit fürchten – mehr, als sie über einen erlittenen Verlust zu trauern vermögen. Es ist dies einer der Gründe, warum ich rate, nach Möglichkeit alle wesentlichen Veränderungen zeitlich zu strecken, die mit dem Tod oder der Trennung eines wichtigen Partners verbunden sind. Versuchen Sie den

Umzug in eine neue Nachbarschaft aufzuschieben, die Umschulung in eine neue Schule, das Lösen der Bande zu vertrauten Freunden und Verwandten. Wenn es nun aber notwendig wird, den Ort gemeinsamen Lebens und die Routinen gemeinsamen Alltags zu verlassen, dann ist es wichtig, Kinder so weit wie möglich an den Veränderungen teilhaben zu lassen, die vor der Tür stehen. Für Kinder ist der Verlust der elterlichen Wohnung und des eigenen Spielzimmers fast so wie der Verlust eines anderen Familienmitgliedes. Kinder identifizieren sich mit Räumen und mit Ereignissen, die sich stets wiederholen. Ihr Verlust und die notwendige Neuorientierung können für sie als Desorientierung wirken. Beteiligen Sie deshalb die betroffenen Kinder so weit wie möglich an den Entscheidungen über die für notwendig gehaltenen Veränderungen, über neue Routinen und Rollen in der neuen Wohnung und im neuen Heim, besuchen Sie gemeinsam die neue Nachbarschaft und arrangieren Sie Treffen mit Nachbarskindern.

Kinder an Veränderungen beteiligen

Laura ist 16. Noch immer nimmt sie ihren Eltern übel, sie und ihre Gefühle bei ihrer Trennung völlig außer Acht gelassen zu haben. Sicher: Vater und Mutter hatten mit ihr offen über die Spannungen in ihrer Ehe gesprochen. Sie wusste, dass sie die Hilfe einer Familienberaterin in Anspruch genommen hatten, um sich über ihre Beziehungen Klarheit zu verschaffen. Als ihr der Vater deshalb vor fünf Jahren eröffnete, dass er das Haus verlassen wird, war sie zwar betroffen, aber nicht entsetzt. Das, was sie ihren Eltern auch heute noch übel nimmt, bezog sich nicht auf die Tatsache der Scheidung, sondern darauf, wie die Trennung dann konkret ablief. Am Wochenende nach der Entscheidung sagte Lauras Mutter, sie würde einkaufen fahren, und ließ die Tochter zu Hause. Kurz nachdem sie das Haus verlassen hatte, kamen Freunde ihres Vaters mit einem Lastwagen.

Sprachlos stand sie am Rande der Szene und beobachtete, wie ihr Vater durch das Haus ging und systematisch Möbelstücke aussuchte, ein paar Stühle, einen Bücherschrank, das Klavier, einen Beistelltisch, das Bett aus dem Gästezimmer, ein paar Bilder von den Wänden. Als der Lastwagen mit den Möbelstücken abfahren wollte, kam die Mutter zurück. Keiner sprach ein Wort. Als der Wagen um die Ecke verschwunden war, begann die Mutter das Haus zu säubern und die verbliebenen Möbel neu zu arrangieren. »Meine Mutter war wie verrückt. Sie hat Schränke geöffnet und Schubladen aufgezogen. Sie hat den Inhalt in verschiedene Schachteln sortiert, eine Schachtel für Papa und eine für das Rote Kreuz. Sie fegte durch das ganze Haus, riss Bilder von den Wänden und Andenken aus den Schränken und führte dabei laute Selbstgespräche, was für ein Schweinehund ihr Ehemaliger wäre. Das war am Sonnabend. Am Sonntag kam Papa zurück, und beide gingen die Fotoalben durch und die Sachen vom letzten Weihnachtsfest und dann haben sie sich gestritten, wer was behalten dürfte. Es war das erste Mal, dass ich erfuhr, was es heißt, wenn ›ein Herz zerbricht‹. Und es war so, als wenn sie mich dabei selber in zwei Stücke zerreißen würden. Diesen Tag werde ich ihnen niemals vergessen, niemals.«

Noch einmal: Kinder sollten mitentscheiden können, wenn »Nachlässe« geteilt und neu geordnet werden müssen. Sie sollten die Möglichkeit haben, ihren Anspruch auf bestimmte Erinnerungsstücke zu erheben und Dinge behalten, die ihnen ans Herz gewachsen sind. Ich erinnere mich an eine 60-jährige Frau, die auf die Frage, was sie von ihrer Urgroßmutter behalten möchte, den Spazierstock der alten Dame wählte. Es war offensichtlich der Gegenstand, mit dem sie die Person am deutlichsten verband.

In der Nacht, als ihr Bruder starb, brachte seine Schwester seinen Einsiedlerkrebs vorsichtig und zärtlich in ihr Zimmer, weil sie »wusste, dass er sich verlassen fühlen würde, und Ben hätte sicher gewünscht, dass ich mich um ihn kümmere«.

Zurück in die Schule

Wenn ein Klassenkamerad oder die Klassenlehrerin gestorben ist, dann trauert die ganze Klasse, vielleicht sogar die ganze kleine Schulgemeinde. Sie können zusammen weinen, sich anfassen und gemeinsam trauern. Aber wenn ein Schulkind, das den Vater oder eine Schwester verloren hat, in die Klasse zurückkehrt, kümmert sich zunächst niemand um seine Trauer. Es gibt Kinder, die finden es mindestens ebenso schwierig, nach dem Verlust, der sie betroffen hat, in die Schulklasse zurückzukehren, wie den Verlust selber zu verarbeiten. Das gilt vor allem dann, wenn der Tod unter besonderen und ungewöhnlichen Umständen stattgefunden hat. Die Schulkameraden stellen neugierige und häufig ungemütliche Fragen, der Lehrer vermeidet vielleicht den Kontakt. Beides führt zum Rückzug und zur zunehmenden Isolierung des betroffenen Kindes – es wird zum unausgesprochenen Sündenbock gemacht und dient als Zielscheibe für vielerlei Tuscheleien.

Eltern oder andere Sorgeberechtigte sollten die Schulleiterin und den Klassenlehrer über das traurige Ereignis, das ihre Tochter oder ihren Sohn betroffen hat, informieren, ehe der Schulbesuch wieder aufgenommen wird. Es ist denkbar, mit der ganzen Klasse über das Ereignis zu sprechen und über Möglichkeiten, den Wiedereintritt in das Klassenleben zu erleichtern.

Auch Kinder, die von einer schweren Krankheit oder einem Unfall betroffen worden sind und deutliche Zeichen ihres Unfalls mit sich tragen (sie sind an den Rollstuhl gefesselt; haben einen Arm verloren; der Kopf ist wegen der erlittenen Chemotherapie geschoren), sollten zusammen mit den Klassenkameraden auf die neue Situation vorbereitet werden. Wir wissen, dass Kinder auf brutale Weise miteinander umgehen können, aber sie demonstrieren auch Rücksichtnahme und Solidarität, wenn sie auf angemessene Weise darauf angesprochen werden. Nur wenn wir Erwachsene im Vorgriff auf ungewöhnliche Situationen schweigen, bereiten wir den Weg für unangemessene und verletzende Aktionen und Reaktionen der Klassenkameraden, denen dann alle Beteiligten hilflos gegenüberstehen. Es wird überhaupt eine wichtige Aufgabe sein, die persönlichen Schicksale von Schülern zum Anlass zu nehmen, um Fragen nach psychischer Gesundheit, nach Moral und Ethik anzusprechen und sie in den Unterricht aufzunehmen. Ebenso, wie Kindern geholfen werden kann, den Tod eines Familienangehörigen zu verstehen, wenn die Eltern die Tatsachen auf eine dem Entwicklungsstand der Kinder angemessene Weise nahe bringen, kann auch die Schule auf solche Themen vorbereiten, noch ehe sie im aktuellen Falle eintreten. Das gilt auch für problematische Krankheits- und Todesarten wie Selbstmord und Aids. Die taktvolle Bearbeitung solcher Grenzfälle unseres Lebens kann den Schülern nicht nur wichtige und wissenschaftlich haltbare Informationen geben, sondern ihnen auch das Gefühl vermitteln, dass es besser ist, über solche Themen auf eine verantwortliche und kontrollierte Weise im Klassenverband zu sprechen, als sie totzuschweigen oder hinter vorgehaltener Hand zu tuscheln und tatsachenferne Phantasien zu entwickeln.

Die Schule wechseln

Ich kenne einen 9-jährigen Jungen, der beide Eltern bei einem Flugzeugabsturz verloren hat und nun in einem anderen Bundesland bei Verwandten lebt. Er war fest entschlossen, niemanden wissen zu lassen, was ihm und seiner jüngeren Schwester widerfahren war. Etwas später, er war noch immer überzeugt, dass niemand von seinem Schicksal wusste, deutete ihm ein Klassenkamerad an, dass er von dem Unfall wusste. Der 9-Jährige fühlte sich darauf total verraten und war überzeugt, dass ihm jetzt entweder die Schuld für die Tragödie zugeschrieben würde oder er selbst in eine schreckliche Opferrolle geriet. Es nutzte auch nichts, mit ihm darüber zu reden, dass in der kleinen Landgemeinde, in der er jetzt lebte, zweifellos jeder sein Schicksal kannte oder von ihm gehört hatte – er blieb dabei, dass er das Gefühl hatte, von nun an wie ein Aussätziger behandelt zu werden.

Wenn Kinder in eine neue Schule eintreten, ist dies ein bedeutsamer Schritt. Sie haben dann die Möglichkeit, sowohl die neue Situation zu begrüßen, als auch sich von der alten Klasse zu verabschieden. Heranwachsende werden häufig von der Frage bewegt, wie sie wohl von der neuen Gruppe der Gleichaltrigen akzeptiert werden. Sie fürchten, dass sie unter negativen Beziehungen zu den neuen Klassenkameraden ebenso leiden könnten, wie sie unter dem Verlust gelitten haben, der ihren Schulwechsel notwendig machte. Es gibt deswegen Vorschläge von Fachleuten, wie einer solchen Situation begegnet werden könnte:

Wenn ein Kind, dessen Eltern kürzlich geschieden worden sind, neu in die Klasse kommt, sollten Lehrer, vor allem Klassenlehrer, sensibel mit dem Verlust nicht nur eines Elternteiles, sondern auch der Unterstützung des Schulkindes in der Klassengemeinschaft umgehen. Der neu eintretende Schüler braucht so schnell wie möglich ein Gefühl der Zugehörigkeit zu seiner neuen Klasse und das bedeutet vor allem das Knüpfen eines tragfähigen Netzes zu seinen neuen Mitschülern. Um dies zu unterstützen, sollte der Klassenlehrer das Kind mit einer wichtigen, aber leicht zu bewältigenden Aufgabe betrauen und evtl. einen anderen Klassenkameraden mit der dauerhaften Unterstützung »des Neuen« beauftragen. Es gibt Schulen, an denen in solchen Fällen ein besonderes Willkommensritual veranstaltet wird oder an denen ein »Club der Neuen« existiert (Stuart/Abt, Children of Separation and Divorce. New York 1981, 162).

Natürlich ist es wünschenswert, dass in einem solchen Falle des Schulwechsels die neue Nachbarschaft erkundet werden kann, ehe der Umzug stattfindet. Erwachsene sollten Sorge tragen, dass Kinder der neuen Schule eine Stippvisite abstatten können und dass sie sich auch mit dem neuen Schulleiter und dem neuen Klassenlehrer bekannt machen können. Sie sollten einen Eindruck gewinnen, wie ihr Klassenzimmer aussieht, wo sie evtl. sitzen werden und über welche besonderen Räume die neue Schule verfügt.

Es wäre auch eine gute Idee, wenn Kindern geholfen werden könnte, Anschluss an Interessengruppen am Ort der neuen Schule zu gewinnen. Sicher gibt es dort Jugendgruppen, die im Rahmen von Erwachsenenorganisationen (Kirchen, Gemeinden, Sportverbänden, kulturellen Aktivitäten) tätig sind. Wenn der Umzug während der Sommerferien stattfindet, sollten wir Erwachsenen dafür sorgen, dass zumindest der eine oder andere Kontakt zu den künftigen Klassenkameraden geknüpft werden kann. Eltern sollten sich auch darüber informieren, ob es am Ort der neuen Schule so etwas wie ein sommerliches Sport- und Freizeit-Programm gibt, an dem ihr Kind oder der Heranwachsende teilnehmen kann.

Aber Kinder sollten auch die Chance haben, sich von ihren ehemaligen Freunden und von wichtigen Erwachsenen zu verabschieden und ihnen erzählen, wann und wohin sie gehen werden und dass sie ein Interesse daran hätten, mit ihnen in Verbindung zu bleiben. Ich kenne eine Sozialarbeiterin, die ein »Auf-Wiedersehen-Ritual« für Kinder entwickelt hat, die ihre Schulklassen verlassen müssen und in eine neue Adoptivfamilie umziehen. Die Sozialarbeiterin arrangiert eine »Auf-Wiedersehen-Party« in der Klasse, die das Kind verlässt, die von einem Erwachsenen arrangiert wird, der im bisherigen schulischen Leben des Kindes eine Rolle gespielt hat. Die neuen Adoptiveltern arrangierten dann eine »Willkommens-Party« in der neuen Schule. Die Party endete damit, dass die neuen Pflegeeltern auf spontane Weise den Neuankömmling umarmten und ihn in ihre neue Familie brachten.

Trennungen von wichtigen Menschen und der Verlust von wirklichen Freunden beeinflussen unser aller Leben und damit auch das Leben von Kindern auf verschiedene Weise und prägen uns ein Leben lang. Wir können Kinder nicht vor solchen Erfahrungen schützen, noch können wir den Schmerz von ihnen abhalten, der damit verbunden ist. Aber wir können es ernst nehmen, wenn wir ihnen schlimme Botschaften überbringen, und wir können ihnen helfen, diese Botschaften in ihr Weltverständnis zu integrieren und von geliebten Personen auf eine nachdenkliche Weise Abschied zu nehmen. Wir können Kinder an den Entscheidungen beteiligen, die mit den Veränderungen ihres alltäglichen Lebens verbunden sind, wir können ihre Individualität respektieren und die Einmaligkeit, mit der sie versuchen, mit dem fertig zu werden, was ihnen widerfahren ist.

2. *Es* ist schlimm – aber *es* ist nicht das Ende

Mit allen Kräften hat er sich dagegen gewehrt. Und trotzdem hat Tom immer mehr Boden unter den Füßen verloren und ist mager und schwach geworden. Das Schlimmste an dem Tod, den er vor Augen sieht, ist für ihn, Mary alleine zu lassen und nicht mehr die Möglichkeit zu haben, ihr mit den Kindern zu helfen. Er wünschte sich sehnlich, einen Weg zu finden, um ihnen allen zu zeigen, wie sehr er sie liebt.

Jonas ist ein neuer, vielversprechender Job angeboten worden. Aber das würde bedeuten, dass er mit seiner Familie in ein anderes Bundesland zieht. Seine Kinder müssten die Schule wechseln und würden den Kontakt zu ihrer Nachbarschaft verlieren, in der sie so gut heimisch geworden sind. Jonas und seine Frau machen sich eine Menge Gedanken, was der Umzug für ihre Kinder bedeuten wird.

Janne ist seit Jahren alleinerziehende Mutter. Auf einem Stadtteilfest hat sie Rainer getroffen. Sie haben sich dann häufig miteinander verabredet und ineinander verliebt. Jetzt planen sie die Heirat. Jannes Sohn scheint Rainer zwar zu mögen, hält aber die dauerhafte Verbindung zu seiner Mutter für keine gute Idee und weigert sich, mit ihr über ihre Heiratspläne zu sprechen.

Es gibt viele Möglichkeiten, wie Veränderungen das Leben eines Kindes beeinflussen. Es gibt Veränderungen, bei denen wir geliebte Personen, vertraute Orte verlassen und auf Routinen verzichten müssen, die uns bisher Vertrautheit und Sicherheit gegeben haben. Und es gibt Situationen, in denen wir neuen Menschen, neuen Orten und neuen Routinen begegnen, ohne darauf vorbereitet zu sein und ohne die positiven Möglichkeiten mitbedenken zu können, die sie enthalten. Wir mögen etwas verlieren und wir mögen etwas gewinnen. Beide Ereignisse sind mit Veränderungen unserer Person, unserer Beziehungen und unserer uns tragenden Gefühle verbunden. Von Erwachsenen erwartet man, dass sie mit solchen Herausforderungen mehr oder weniger gut fertig werden. Kinder aber brauchen unsere verständnisvolle Hilfe, damit nicht die negativen Erfahrungen, die mit solchen Veränderungen verbunden sein können, eine prägende Rolle in ihrem ferneren Leben spielen.

Die Erfahrung vom Tod

Als Erwachsene wissen wir häufig wenig darüber, was Kinder vom Sterben und vom Tod verstehen können. Wissenschaftler sagen uns, dass es vor allem Umwelteinflüsse sind, familiärer Hintergrund, Selbstkonzepte und zurückliegende Erfahrungen mit dem Tod anderer Menschen, die zu der Fähigkeit eines Kindes beitragen, zu verstehen, was passiert, wenn jemand gestorben ist. Zwar gehen die Expertenmeinungen auseinander, aber es scheint Einverständnis zu bestehen, dass Kinder bis zum Alter von zwei Jahren nicht in der Lage sind, viel vom Tod zu verstehen. Zwischen zwei und sechs Jahren, also in der Hauptzeit der Entwicklung magischen Denkens, scheinen Kinder zu glauben, dass man den Tod vermeiden oder wieder umkehren könne. Lonetto beispielsweise hat berichtet, dass Kinder in diesem Alter glauben, dass Tote unter »veränderten Umständen weiterleben«, eine Frage, die oftmals zu Phantasien darüber führt, wie die Toten in ihren Gräbern weiter atmen, essen, trinken und sich warm halten (Lonetto, Kindliche Vorstellungen vom Tod. New York, Springer 1980). Manchmal glauben Kinder in diesem Alter, dass die Verstorbenen einfach weg sind und wiederkommen können. Wenn dies nicht geschieht, dann fühlen sie sich verlassen und verraten. Sie planen, in den Himmel zu gehen und die Verstorbenen zur Rückkehr zu bewegen. In den Jahren des Grundschulbesuches stellen sich Kinder den Tod häufig als einen Geist vor, den man besiegen könnte, wenn die eigenen magischen Kräfte stark genug wären (Lonetto 1980). Oder sie glauben, dass der Tod nur die Alten und Kranken holt, die zu schwach sind, um ihn auszutricksen oder zu besiegen. Die Darstellungen von Knochen- und Sensenmännern und Geistererscheinungen zu Halloween unterstützen solche Vorstellungen und verbreiten Angst und Schrecken.

Auf dem Wege zum konkreten Denken nähern sich die Kinder der Realität des Todes. Aber sie realisieren häufig noch nicht, dass der Tod eine universelle Erscheinung ist und dass jeder von uns sterben wird. Stattdessen betrachten sie den Tod als ein Schicksal, das sich abseits von ihrem eigenen Leben abspielt. Mit 9 oder 10 Jahren gewinnen Kinder meist ein reiferes Verständnis vom Tod und realisieren, dass er das unvermeidliche Ende von unser aller Leben ist und dass jeder von uns sterben wird.

Wenn wir einem Kinde helfen wollen, das den Tod einer geliebten Person erfahren hat, ist die erste Entscheidung, die getroffen werden muss, wer jetzt für diese Phase kindlicher Krise die Verantwortung übernehmen wird. Das sind meistens die Eltern oder der übrig gebliebene Elternteil, es kann aber auch eine andere nahe Person sein, welche diese speziellen Aufgaben übernimmt. In Gesprächen mit dem Kind sind vor allem drei Punkte zu klären: (1) dass der oder die Verstorbene nicht die Absicht hatte, das Kind zu verlassen, und dass sein Tod nicht die Folge kindlicher Handlungen oder Unterlassungen ist; (2) dass der oder die Verstorbene niemals wiederkehren kann und (3) dass der oder die Verstorbene in der Erde begraben oder im Feuer verbrannt wird. Das kann Kindern selbst in der Phase ihres magischen Denkens wirkungsvoll gesagt werden. Es kann dabei eine Hilfe sein, wenn Kinder bereits vorher den Tod eines Lieblingstieres miterlebt haben. Sie können dann sehen, dass sich dieses Tier nicht mehr bewegt, dass es nicht mehr frisst, aber dass es auch keine Schmerzen fühlt. Und sie können erleben, dass dieser Tod mit Gefühlen der Trauer und mit der Hoffnung verbunden ist, das geliebte Tier wieder zum Leben zu erwecken. Das aber geht nicht und deshalb ist das rituelle Begräbnis des geliebten Tieres eine wichtige Erfahrung. Das tote Tier wird nicht mehr leiden, aber es muss auf eine würdevolle Weise aus dieser Welt begleitet werden.

Moody/Moody haben darauf hingewiesen, dass es möglich und sinnvoll ist, Kinder die Trauer als eine notwendige und natürliche Emotion zu lehren, die nicht nur konstruktive Seiten hat, sondern auch Heilungsprozesse ermöglicht (Moody/Moody, Studien über den Tod 15, 1991, 588). Kinder sind sehr interessiert daran, zu erfahren, was mit uns passiert, wenn wir tot sind. Realistische Antworten können weiterhelfen: Wir essen nicht mehr, wir trinken nicht mehr, wir fühlen nichts mehr, wir erleiden keine Schmerzen mehr. Viele Erwachsene werden darüber hinaus in ihrem Glauben Antworten über das Leben nach dem Tod finden. Sie sollten dies nicht verbergen, aber sie sollten es den Kindern auch nicht als eine »letzte Wahrheit« darstellen. Seien wir uns bewusst, dass unsere Kinder in einer multikulturellen Gesellschaft leben, in der andere Kinder andere starke Ideen über das Leben nach dem Tod haben, die wir nicht teilen müssen, die wir aber respektieren können.

Wenn ein Geschwister stirbt

Wenn wir an den Tod denken, dann denken wir meist an den Tod von erwachsenen, alten Personen, also von Großmutter und Großvater und vielleicht auch von Vater und Mutter. Aber wie es ist mit dem Tod von Geschwistern, den Kinder erleben? Der Tod eines Geschwisterkindes bedeutet in vielen Fällen den Verlust eines Gefühls der Unersetzlichkeit, das mit dem Leben von Kindheit und Jugend verbunden ist. Es kann quälende Formen von schlechtem Gewissen geben, weil der Andere tot ist und man noch lebt, weil man vielleicht auch ein Gefühl der Erleichterung erlebt, nachdem man die Folgen einer langen

Krankheit des Geschwisterkindes mitmachen musste – es gibt viele solche und andere Formen einer Verarbeitung der Tatsache des Geschwistertodes, die wir als Möglichkeiten ins Auge fassen müssen. Wissenschaftliche Untersuchungen verweisen auf vier wichtige Tatbestände, die beachtet werden müssen:

1. Die Art und Weise, wie das Geschwisterkind gestorben ist;
2. die Reaktionen der Eltern auf den Tod;
3. elterliche Gefühle und Erwartungen gegenüber den lebenden Geschwistern als Konsequenzen des Todes;
4. die Beziehungen der überlebenden Kinder zu dem verstorbenen Geschwisterkind vor und nach seinem Tod (Brenner, Helping children cope with stress. 1984, 46–48).

In der Hälfte aller untersuchten Fälle von Familien, die den Tod eines Kindes erlebt haben, hatte mindestens ein Geschwisterkind Symptome von Depression, von schweren Traumen, von Trennungsangst und von Problemen, wieder zur Schule zu gehen, gezeigt. Häufig hängen solche Reaktionen aber nicht direkt mit dem Tod des Geschwisterkindes zusammen, sondern mit der Reaktion der Eltern auf diesen Tod. In wesentlich mehr Fällen, als man denken möchte, haben Eltern die überlebenden Kinder mehr oder wenig indirekt für den Tod verantwortlich gemacht oder zumindest haben die überlebenden Kinder geglaubt, das wäre so. Auf jeden Fall sollte diese Möglichkeit der Entwicklung eines schlechten Gewissens ins Auge gefasst werden – unabhängig davon, ob es den Tatsachen entspricht oder auf plausible Vermutungen zurückgeführt werden kann.

Selbsttötungen

Gespräche mit Kindern nach dem Selbstmord eines Geschwisterkindes sind besonders schwierig wegen des sozialen Stigmas, das mit der Tatsache verbunden wird, »sich selber das Leben genommen zu haben«. Die Überlebenden fahnden nach plausiblen Gründen und haben häufig das Gefühl, der Freitod sei eine bewusst egoistische Handlung eines Familienmitgliedes, das sich gegen die überlebenden Familienmitglieder richtet oder zumindest den Schmerz ignoriert, den es ihnen zugefügt hat. Kinder haben häufig das schlechte Gewissen: Wenn sie sich nur mehr um das verstorbene Kind gekümmert hätten, wenn sie liebevoller mit ihm umgegangen wären, dann hätte es dieses Ende nicht gegeben. Weil ja die Selbsttötung die Folge einer bewussten Entscheidung war, haben Kinder in der Regel ein besonders großes Bedürfnis zu erforschen, welche Rolle sie bei dieser Entscheidung gespielt haben und ob sie durch ein anderes Verhalten den Tod hätten verhindern können.

Wenn ein Elternteil oder eine andere geliebte Person sich selbst getötet hat, ist es unvermeidlich, zusammen mit den betroffenen Kindern über die möglichen Ursachen einer solchen Selbsttötung zu sprechen – aber nicht, um herauszufinden, was die wirkliche Ursache war (über die wahrscheinlich niemals Einverständnis erzielt werden kann und auch nicht erzielt werden sollte), sondern um gemeinsam Strategien zu entwickeln, wie wir vermeiden können, ausweglos erscheinende Situationen auf diese Weise »lösen« zu wollen. War der Verstorbene wirklich ans Ende einer Sackgasse gelangt und sah keinen Ausweg mehr? Gibt es nicht immer Auswege? Wie kann man sie suchen? Wie kann man sie finden? Fühlte die Verstorbene sich unverstanden, unerträglich falsch behandelt? Wollte sie sich mit ihrem Freitod rächen? Welche Möglichkeiten sehen wir als die Hinterbliebenen, uns dadurch verständlich zu machen, dass wir produktiv und nicht destruktiv handeln? Zum Beispiel dadurch, dass wir anderen durch unser Handeln vor Augen führen, was sie uns angetan haben, statt uns selbst etwas anzutun. Indem wir Probleme, die wir haben, aussprechen und nicht in der Tiefe unserer unverstandenen Person begraben. Wie können wir uns selber zum Partner der Bearbeitung unserer eigenen Schwierigkeiten machen? Durch Selbstgespräche? Durch Tagebuchaufzeichnungen? Durch Gespräche mit einer vertrauten Person innerhalb oder außerhalb der Familie?

Abschiedsrituale

Wenn ein Mitglied der Familie oder ein enger Freund sich nach langer Krankheit oder einem schweren Unfall in einer kritischen Situation befindet, sollten betroffene Kinder und Heranwachsende die Möglichkeit haben, Abschiedsbesuche zu machen. Ein solches Ritual ist mit großen Schwierigkeiten verbunden, solange im Umkreis der Sterbenden noch immer die Hoffnung genährt wird, alles könne sich zum Guten wenden. Aber auch ohne bei allen Beteiligten den Eindruck zu erwecken, es handele sich um ein letztes »Auf Wiedersehen« sollten Kinder und Erwachsene darauf vorbereitet werden, einen solchen Besuch am Krankenbett zu arrangieren, um ihn als Rückblick und Ausblick auf ein »gelebtes Leben« zu gestalten. Dazu ist notwendig, dass sowohl die Kranken als auch diejenigen, die Abschied nehmen wollen, auf einen solchen Besuch vorbereitet werden. Oftmals kennen oder vermuten die sterbenden Patienten ihr Schicksal und möchten Zeugnis von ihrem Leben ablegen und denen, die ihnen nahe standen, sagen, was sie für sie bedeutet haben. Oftmals möchten sie Briefe diktieren, Tonbänder besprechen oder aus alten Bildern ein Album zusammenstellen, das ihre Lieblingsgeschichten erzählt, ihre Lieblingsgefühle rekonstruiert, aber auch die Krisenzeiten und die Niederlagen nicht aus dem Auge verliert. Auch die besuchenden Kinder sollten darauf vorbereitet werden, sich auf ihre Weise an dieser »Erinnerst du dich noch«-Zusammenschau zu beteiligen. Dabei sollten wir Erwachsenen darauf achten, dass unsere Kinder sich nicht nur an die guten Zeiten erinnern und die starken Geschichten ins Auge zu fassen, weil solche Glorifizierungen eine spätere angemessene Trauerreaktion erschweren könnten. Heranwachsende in einem bestimmten Alter mögen sich verschämt zeigen, wenn Geschichten aus ihrer Kindheit erzählt werden. Aber im Grunde haben sie großes Interesse daran und sind vielleicht sogar stolz darauf, wenn ihnen zurückgespiegelt wird, was sie in einer bestimmten Phase ihrer Kindheit gemacht und was sie »verbrochen« haben.

Solche Abschiedsbesuche sind sicherlich besonders schwierig, wenn es gilt, von einem Kind Abschied zu nehmen, das schwer krank oder schwer verletzt ist und nicht mehr lange leben wird. Die Angehörigen werden versuchen, sich selber, ihr Kind und die Geschwister dieses Kindes zu schützen, indem sie die Augen vor dem Ernst der Situation verschließen. Vielleicht haben sie mit dem Krankenhauspersonal gesprochen, um zu verhindern, dass ihr krankes Kind vom Ernst der Lage erfährt. Sie werden es vielleicht sogar als eine besondere Lieblosigkeit erleben, wenn in realistischen Begriffen über die offensichtliche Ausweglosigkeit der Situation gesprochen wird. Deshalb ist im Hinblick auf solche Abschiedsgespräche ein besonders großes Maß an Ernsthaftigkeit, Takt und Respekt für die berechtigten Gefühle aller Beteiligten geboten.

Kinder und Begräbnisse

Ist der Tod eingetreten, dann gibt es eine Reihe von formalen »Abschiedsritualen«, an denen Kinder beteiligt werden sollten – nicht nur an den Ritualen selbst, sondern vor allem auch an ihren Vorbereitungen. Diese Vorbereitungen können trauernden Kindern das Gefühl vermitteln, dass sie nicht allein sind, sondern dass sie sich in einer Gemeinschaft mit anderen befinden, deren unterschiedliche Gefühle in einer Situation vereinigt werden.

Bei der Vorbereitung auf die Teilnahme von Kindern am Begräbnisritual ist es sinnvoll, wenn ihnen die Details des Rituals, das sie erwartet, möglichst anschaulich erzählt werden. Wenn Kinder auf angemessene Weise vorbereitet werden, finden sie es in den meisten Fällen richtig und sinnvoll, ihrerseits einen Beitrag zur Erinnerung an den Verstorbenen zu leisten und nach der Abschiedszeremonie in die Grube zu legen: ein Bild, einen Brief, ein Gedicht oder ein Erinnerungsstück. Kinder, die von der Teilnahme an diesem Ritual ausgeschlossen (oder einfach vergessen) werden, erinnern sich häufig noch lange mit Gefühlen von Unmut und Ärger an diesen Ausschluss. Sie berichten später, dass sie das Gefühl nicht losgeworden seien, als wären sie unwichtig und als sei ihre eigene Trauer nicht von Bedeutung.

Ältere Kinder werden manchmal von der Frage geplagt, ob sie am Grabe weinen dürfen und was andere Teilnehmer an der Zeremonie denken und fühlen, wenn sie ihre Tränen sehen. Unsere Reaktion auf einen weinenden Menschen hängt von mancherlei Umständen ab: Ist es ein Mann oder eine Frau? Ist es ein Baby, ein Erwachsener oder ein Greis? Ist es ein lauter Schrei oder eine eher nach innen gerichtete Bewegung? Wenn Kinder niemals in der Lage gewesen sind, zuzuschauen, wie ihr Vater oder ihre Mutter geweint haben, dann ist es sehr wahrscheinlich, dass Kinder denken, starke Menschen würden nicht weinen oder die Eltern würden es ungern sehen, wenn sie selber es täten. Erwachsene sollten sich deswegen darüber Klarheit verschaffen, welche Botschaft sie ihren Kindern vermitteln möchten und welche Formen der öffentlich gezeigten Trauer sie für angemessen halten. In schwierigen Fällen kann es eine erlösende Wirkung haben, wenn den Kindern freigestellt wird zu entscheiden, neben wem sie während der Zeremonie sitzen wollen – sei es ein Familienmitglied oder eine andere Person aus dem Umfeld der Kinder –, damit sie sich in dieser schwierigen Situation einerseits beschützt und behütet, andererseits aber auch frei im Ausdruck ihrer Gefühle erleben können. In vielen Fällen gibt es die Möglichkeit, von der aufgebahrten toten Person Abschied zu nehmen. Dies sollte vorher mit den Kindern besprochen werden und sie sollten die freie Entscheidung haben, ob sie sich bei denjenigen einreihen wollen, die diesen direkten Abschied wünschen.

Wir alle wissen, dass kindliches Spiel die Art und Weise markiert, wie Kinder ihre Alltagserfahrungen integrieren und meistern. Wenn Ihre Kinder deshalb nach dem Erlebnis der Beerdigung ab und zu »Beerdigung spielen«, dann ist ein solches Verhalten durchaus normal. Weit davon entfernt, Respektlosigkeit zu signalisieren, markiert es die Bedeutung, welche sie dem durch den Tod erlittenen Verlust in ihrem Leben einräumen.

Scheidungsschmerzen überwinden

Neben dem Tod einer nahen Person ist die Trennung oder Scheidung der Eltern eine der häufigsten Trennungserfahrungen, die Kinder machen müssen. Aber während der Tod letztlich doch etwas Endgültiges bedeutet, ist die Trennung der geliebten Eltern eine Erfahrung, von der viele Kinder glauben, dass sie wieder rückgängig zu machen sei. Wir alle kennen die Geschichte von Kindern, die auch nach der Trennung ihre eigene Zahnbürste noch immer und immer wieder mit der Zahnbürste des Vaters und der von ihm getrennten Mutter in ein Wasserglas stellen, um damit ihre Hoffnung auf Wiederkehr und Wiedervereinigung zu demonstrieren. Solche Hoffnungen sind häufig mit Phantasien verbunden. Sie machen die Situation noch komplizierter, wenn sich die getrennten Partner selber unklar darüber sind, was nun eigentlich passiert ist und was weiterhin passieren sollte. Das gilt vor allem in Situationen, wenn ein Partner sich entschieden hat, dass die Beziehung beendet ist, während der andere Partner noch immer an dem Problem arbeitet und auf eine gemeinsame Zukunft hofft. Auf jeden Fall sollten wir den betroffenen Kindern glaubhaft vermitteln, dass sie selber nichts getan haben, um die Trennung herbeizuführen, und dass sie nichts tun können, um sie zu verhindern.

Eines der großen Folgeprobleme der elterlichen Trennung ist das Bedürfnis beider Seiten, ihr Kind oder ihre Kinder dazu zu bringen, für sich selber Partei zu ergreifen. Sie wollen von ihren

Kindern nicht als treibende Kraft für diese Trennung verantwortlich gemacht werden, und wenn es schon Schuldige gibt, dann suchen sie ihren Partner als den schuldigen Teil vorzuführen.

Besonders wenn sich trennende Partner selber für die Entwicklung schuldig fühlen, haben sie große Schwierigkeiten, mit ihren Kindern über die ganze Angelegenheit zu sprechen. Trotzdem oder gerade deshalb ist es notwendig, dass Eltern sich der Verantwortung stellen und ihre eigenen widerstrebenden Gefühle überwinden, um allen Beteiligten reinen Wein über die tatsächliche Situation einzuschenken. Tun sie dies nicht, erwecken sie bei den Kindern den Eindruck, dass etwas Schreckliches hinter ihrem Rücken geschieht und dass der scheidende Partner seine Kinder offensichtlich niemals wirklich geliebt hat.

Kinder sind an der eigentlichen Schuldfrage meist nicht interessiert. Sie sind vielmehr an konkreten Informationen interessiert, was in nächster Zeit tatsächlich geschehen wird, wer und wann die Familie verlassen wird, wo sie selber bleiben und wie sich die Eltern über die künftige Besuchsregelung einigen. Kindern muss der Eindruck vermittelt werden, dass sie so schnell wie möglich über neue Entwicklungen informiert werden, und sie sollten vor allem nicht gezwungen werden, sich für die eine oder die andere Seite zu entscheiden.

Auch wenn durch die Scheidung die bisherige Familie als Lebenseinheit nicht mehr existiert, ist ein künftiger und zuverlässiger Kontakt zwischen Kindern und dem scheidenden Elternteil von großer Bedeutung. Was auch immer geschehen ist und was auch immer geschehen mag: Jeder Elternteil muss akzeptieren, dass das Kind das Kind beider Partner ist. Die Eltern mögen sich scheiden – aber sie werden nicht und niemals von ihren Kindern geschieden. Die Frage der Besuchsregelung und der gemeinsamen Verantwortung für die Zukunft des Kindes ist deswegen von entscheidender Bedeutung. Die Art und Weise, wie sich die scheidenden Eltern miteinander – selbstständig oder mit professioneller Hilfe – einigen, sollte den Kindern klar und deutlich vermittelt werden. Und an dieser Festlegung darf auch in Zukunft nur mit Zustimmung aller Beteiligten gerüttelt werden.

Die so genannte »Besuchsregelung« ist heute übrigens nicht mehr allein auf den tatsächlichen Kontakt der Beteiligten begrenzt, sondern umfasst die Kommunikation mit allen zur Verfügung stehenden Medien: dem Telefon, dem Brief, der E-Mail und anderen Formen der Nachricht. Über die Regelmäßigkeit solcher Kontakte sollte Übereinstimmung erzielt werden, jenseits bürokratischer Festlegungen, aber diesseits jener Beliebigkeit, welche bei Kindern Phantasien auslöst, wenn erwartete oder vereinbarte Nachrichten ausbleiben.

Auch zeitweilige Trennungen sind bedeutungsvoll

Wenn Eltern oder andere Sorgeberechtigte eine bestimmte Zeit aus persönlichen oder beruflichen Gründen nicht erreichbar sind, ist es eine gute Idee, dass sie dies, sobald sie selber es wissen, ihren Kindern mitteilen und die näheren Umstände mit ihnen besprechen. Dabei sollten so brennende Fragen besprochen und festgelegt werden wie: Wie kann der Kontakt aufrechterhalten werden? Wer wird regelmäßig schreiben? Kann ein regelmäßiger Gesprächstermin vereinbart werden? Kann man vereinbaren, aufgezeichnete akustische und visuelle Botschaften auszutauschen?

In vielen Fällen wird es nötig sein, in Abwesenheit eines Erwachsenen die Verantwortlichkeiten innerhalb der Familie neu zu ordnen. Wer wird welche zusätzlichen Aufgaben übernehmen? Können diese Aufgaben rotieren, wenn mehrere Kinder in der Familie leben? In der Zeit der Abwesenheit eines Elternteils sollten die anderen Erwachsenen die üblichen Alltagsroutinen so unverändert wie möglich fortsetzen. Über ihre Aktivitäten könnten die zurückbleibenden Familienangehörigen und der zeitweilig getrennt lebende Vater oder die Mutter Tagebücher führen und ihren Inhalt von Zeit zu Zeit austauschen. Dabei sollte man sich nicht so sehr auf spontanen Austausch verlassen, sondern eine gewisse Routine festschreiben, welche einen minimalen Grad von Zuverlässigkeit garantiert. Wenn Kinder aus bestimmten Gründen für eine bestimmte Zeit außerhalb ihrer Ursprungsfamilie platziert werden, ist es immer sinnvoll, den Kindern mitzuteilen, aus welchen Gründen und unter welchen Umständen eine solche Trennung notwendig geworden ist und wann sie beendet sein wird.

Ein Kind sollte z. B. wissen, dass es wieder bei seiner Mutter leben wird, wenn die Mutter eine Wohnung gefunden hat. Dass der Vater wieder nach Hause kommen wird, wenn er nicht mehr trinkt. Dass ein Kind wieder bei seinen Eltern leben wird, wenn die Eltern gezeigt haben, dass sie in der Lage sind, für diese Kinder zu sorgen, ohne sie zu schlagen. Solche Informationen helfen Kindern, die Dinge zu beachten, die eintreten müssen, wenn die Familie wieder zusammengeführt werden kann. Außerdem entlasten sie die Kinder von der unausgesprochenen »Schuld«, für die Trennung selbst verantwortlich zu sein.

Mit diesen Bemerkungen sind wir bei den besonders heiklen Gründen für die Trennung von Eltern und Kindern in Fällen, in denen Eltern zeitweilig nicht in der Lage sind, ihre Verantwortung für die Erziehung ihrer Kinder wahrzunehmen. Als Erwachsene befinden wir uns häufig in einer unangenehmen Lage, wenn wir mit Kindern über eine zeitweilige Trennung von ihren Eltern sprechen müssen, die mit Problemen wie körperlichem oder sexuellem Missbrauch, mit elterlicher Unreife, elterlicher Zurückweisung eines Kindes und seiner Verwahrlosung, mit Missachtung, eigener seelischer Krankheit, Abhängigkeit von Drogen oder einer Haftstrafe zusammenhängt. Oftmals hängen die Kinder trotzdem an ihren Eltern und wollen mit ihnen zusammenbleiben. In solchen Fällen sind meist professionelle Helfer eingeschaltet, welche bei Abwesenheit der Erziehungsberechtigten selber die Verantwortung für die Kinder übernehmen oder andere zuverlässige Verantwortliche suchen. Diese Helfer sind häufig unsicher, ob die Kinder nicht zu jung, zu verletzlich oder zu verstört sind, um mit ihnen die tatsächlichen Gründe der zeitweiligen Trennung von ihren Eltern zu besprechen. Oder sie haben anders herum die Einschätzung, dass sich die Kinder trotz (oder wegen) der Trennung weiterhin gut entwickeln und dass eine ausführliche Diskussion der Gründe für die Trennung vielleicht »schlafende Hunde« wecken würde. Oder den Helfern fehlen konkrete Informationen über die familiale Situation vor der Trennung und sie möchten sich deshalb nicht einmischen.

Ganz allgemein gesprochen ist es immer nützlich, sich daran zu erinnern, dass Kinder weniger von der Wirklichkeit verschreckt werden als von dem, was sie in ihren eigenen Phantasien selber inszenieren. Gerade wenn sie nicht über klare Informationen darüber verfügen, was sich tatsächlich abspielt und abgespielt hat, mögen sie sich Geschichten zurechtlegen, die ihre Selbstzweifel ausdrücken, ihre Ängste und ihre Verletzungen. Gerade Kinder, die sich von ihren Eltern nicht angenommen oder sogar zurückgewiesen fühlen, entwickeln erstaunliche Geschichten über die Art und Weise, wie sie zur Welt gekommen sind und wie ihr weiteres Schicksal als elternlose Kinder verlaufen wird.

Es erscheint mir deshalb immer sinnvoll, wenn erwachsene Helfer ihre eigenen Widerstände dagegen überwinden, ihren kindlichen Gesprächspartnern »reinen Wein über die tatsächliche Lage einzuschenken«. Dabei ist es von ganz entscheidender Bedeutung, dass sie diese Berichte über die Wirklichkeit nicht mit eigenen emotionalen Beimischungen anreichern, welche die Informationen auf eine Weise tönen, die bei den Kindern wiederum negative Gefühle und emotionale Widerstände hervorruft. Immer wird es immer darum gehen, den Kindern Informationen zu geben, welche die verursachenden Erwachsenen nicht als eindeutig »böse« oder »schlimm« vorführen. Vielmehr geht es darum, mögliche Beweggründe mitzuteilen, welche Erwachsene dazu gebracht haben mögen, in schwierigen Situationen Dinge zu tun oder zu unterlassen, für die sie in der allgemeinen öffentlichen Meinung eigentlich verantwortlich zu machen und zu korrigieren sind. Ich weiß, dass die Entwicklung einer glaubwürdigen Strategie, die solche Fragen berücksichtigt, auf Schwierigkeiten stoßen mag. Auf den folgenden Seiten werden deshalb eine Reihe von Situationen zusammengestellt, die sich auf die verschiedenen möglichen Ursachen einer notwendigen Trennung von Eltern und Kindern beziehen. Meine Bitte an die Leser ist, diese Situationen zu überfliegen, um festzustellen, ob dabei Ähnlichkeiten zu eigenen aktuellen Problemlagen auftauchen.

Wenn Kinder misshandelt oder verlassen werden

Es gibt sich immer wieder Anlässe im Verhalten von Kindern, die als Auslöser dafür dienen, dass die Kinder misshandelt oder verlassen bzw. ausgesetzt werden. Aber im Grunde sind es meist zwei Reaktionen auf erlittene gravierende Frustrationen der Eltern: Sie sind in eine Situation gekommen, in der sie nicht mehr ein noch aus wissen. In dieser Situation ist ein Fehlverhalten des Kindes »der Tropfen, der das Fass zum Überlaufen bringt« und führt zu hilflosen Schlägen. Oder aber die Situation, aus der es keinen Ausweg zu geben scheint, führt dazu, dass Eltern »die Flinte ins Korn werfen« und versuchen, ihre Elternschaft gewissermaßen ungeschehen zu machen. Kinder hingegen neigen dazu, das Verhalten der Eltern auf ihre eigenen Handlungsweisen zurückzuführen, und geben sich die Schuld für das Fehlverhalten der Eltern: »Ich war selber schuld; ich habe einfach zu viel Ärger gemacht!« Als Erzieherin, Erzieher, Sozialarbeiter und andere Angehörige eines helfenden Berufes kommen Sie in eine Situation, in der Sie mit den Kindern über das Verhalten ihrer Eltern sprechen. Dabei soll es zunächst darum gehen, bei diesen Kindern ein Verständnis für ihr eigenes Verhalten anzubahnen, das von den Kindern durch die Begründung beschrieben wird: »Ich hab eben zu viel Ärger gemacht.« In einem solchen Gespräch mit Kindern bemühe ich mich darum, mit ihnen über Grundbedürfnisse zu sprechen, welche alle Kinder haben, und die, wenn sie nicht befriedigt werden, zu Verhaltensweisen führen, die »in der Tat ärgerlich sind«. Ich versuche mit meinen Gesprächspartnern eine Liste solcher Grundbedürfnisse auf einer sehr konkreten Ebene zusammenzustellen. Eine solche Liste umfasst normalerweise Dinge wie: Essen, Trinken, Milchflaschen mit einem Gumminuckel daran, frische Windeln, ein warmes Bett, liebkost zu werden, gebadet zu werden ... Ich sage dann: »Hattest du auch solche Bedürfnisse, als du sehr klein warst? Hast du auch heute noch solche Bedürfnisse – und vielleicht andere dazu? Findest du es in Ordnung, dass du so gewesen bist wie alle anderen Babys und dass du so bist wie alle anderen Kinder, die solche Sachen brauchen? Und wenn deine Eltern das vergessen haben, dann hast du vielleicht mit deinen Mitteln versucht, dich in Erinnerung zu rufen. Und dann sind sie vielleicht ausgerastet. Und wenn es immer wieder passiert, haben sie sich vielleicht nicht mehr zu helfen gewusst.« Manchmal sagt eines der Kinder, mit denen ich mich unterhalte: »Wenn die Dinge für mich unerträglich werden, dann versuche ich einfach fortzulaufen. Warum ist meine Mutter nicht einfach fortgelaufen, sondern hat mich geschlagen?« Ich sage dann: »Es gibt eine Menge Kinder, die weglaufen und verschwinden, wenn es für sie unerträglich wird und sie es nicht mehr aushalten. Aber andere Kinder erzählen mir, dass sie einfach um sich schlagen, wenn das passiert. Würdest du in nächster Zeit einmal an dir und deinen Spielkameraden beobachten, ob sie in ganz schwierigen Situation eher weglaufen oder eher um sich schlagen würden? Und könnten wir dann noch einmal darüber sprechen und herausfinden, wer eher wegläuft, wer eher um sich schlägt und wie es bei dir selber ist?«

Manche Kinder sagen: »Ja, es ist schon so – meine Eltern schlagen mich! Ich finde nichts Schlimmes dabei. Alle Eltern schlagen ihre Kinder, wenn sie es verdienen!« Ich versuche dann zu entgegnen: »Kein Kind verdient es, so sehr geschlagen zu werden, wie du geschlagen worden bist. Wofür Kinder immer da sein mögen, sie sind nicht dafür da, geprügelt zu werden! Darüber gibt es sogar Gesetze. Wenn dein Vater dich geschlagen hat, dann nicht deshalb, weil du die Schläge verdient hättest. Weil in seinem Leben etwas schief gelaufen ist. Er hat einfach noch nicht lernen können, dass es in schwierigen Situationen andere Wege gibt, sich dir verständlich zu machen, als dich zu prügeln. Lass uns doch mal drei Sachen überlegen, die dein Vater tun könnte, um sich dir gegenüber verständlich zu machen, ohne zu prügeln!« Wenn Kindern keine solche Alternative zum Schlagen einfällt, sollte man selber drei Alternativen nennen und in einer Liste aufschreiben, auf die man in einem späteren Gespräch noch einmal zurückkommen kann. Gespräche wie diese sind nicht nur bedeutungsvoll zur Erklärung von Erfahrungen, die der Vergangenheit angehören. Sie sollen auch helfen zu verhindern, dass Kinder, wenn sie einmal in der Elternrolle sein werden, zu den gleichen hilflosen Reaktionen ihre Zuflucht nehmen, die sie selber in der Opferrolle erfahren haben.

Sexueller Missbrauch

Viele Kinder haben die Erfahrung gemacht, dass sie von Erwachsenen oder älteren Kindern auf eine Weise angefasst wurden, die vielleicht anfänglich mit angenehmen körperlichen Gefühlen verbunden gewesen sein mochte, die sie aber nicht mehr stoppen konnten, wenn eine bestimmte Grenze überschritten war. Sie wissen nun, dass es Berührungen und Körperhandlungen gibt, die angenehme Reaktionen hervorrufen, und andere, welche dies nicht mehr tun. Aber sie haben nicht gelernt, spätestens an der Grenze zwischen den beiden Erfahrungen »Halt« zu sagen. Es gibt inzwischen eine Reihe von Ratgeber-Büchern für Eltern und auch für Kinder, die das Verständnis fördern sollen, dass Kinder ein Recht dazu haben »Nein« zu sagen und den anderen dazu zu bringen, loszulassen, oder eine andere Person um Hilfe zu bitten. Wenn professionelle Helfer mit Kindern oder Heranwachsenden über solche Fälle von Grenzüberschreitungen, die zum sexuellen Missbrauch führen, sprechen, dann halte ich es für wichtig, wenn sie zunächst einmal davon ausgehen, dass wir alle ein großes Bedürfnis haben, von nahen Menschen auf eine Weise angefasst werden, die wir als angenehm und lustvoll empfinden. Dann gibt es aber eine Reihe von körperlichen Berührungen, die für Erwachsene reserviert sind und nicht für den Umgang eines Erwachsenen mit einem Kinde. Ein Kind, das sexuelle Missbrauchserfahrungen gemacht hat, wird häufig von Schuldgefühlen geplagt: »Es war mein Fehler, weil ich es zugelassen habe, dass er das mit mir gemacht hat.« In einem solchen Falle schlage ich vor zu sagen: »O.K., aber er war der Erwachsene und hätte es eigentlich besser wissen müssen. Ich denke, er wusste, dass er etwas Falsches tat. Er hat es ja nie mit dir gemacht, wenn andere Erwachsene in der Nähe waren, und er hat dir gesagt, du solltest gegenüber Dritten nicht darüber sprechen. Was er gemacht hat, war für dich nicht gut und er hätte es nicht machen dürfen. Wenn du mit uns über diese Sache gesprochen hast, dann hast du im Grunde auch ihm geholfen, er weiß jetzt, was eigentlich seine Aufgabe wäre – nämlich es ein für alle Mal zu lassen!«

Wenn Kinder darüber beunruhigt sind, dass sie auf die sexuelle Stimulierung durch einen Erwachsenen positiv reagiert haben, dann sollten wir ihnen vermitteln, dass ihr Körper unabhängig von den handelnden Personen auf eine bestimmte Art und Weise positiv oder negativ reagiert, dass diese Reaktionen aber keinen Hinweis darauf liefern, ob die mit ihm verbundenen Handlungen richtig oder falsch sind. Es ist wie in der Sprechstunde beim Arzt, wenn der Doktor bittet, die Beine übereinander zu schlagen, und dann mit einem Hammer leicht auf das Knie klopft und der Unterschenkel nach oben springt. Eine rein körperliche Reaktion ohne moralische Bedeutung.

Vernachlässigte Kinder

Wenn Eltern ihre Kinder vernachlässigen, dann ist häufig ihre eigene Unreife schuld daran. Niemals haben sie gelernt, wie man auf Säuglinge und kleine Kinder eingeht und ihre basalen Bedürfnisse befriedigt. Solche Eltern sind häufig von ihren eigenen Eltern vernachlässigt worden und haben deshalb nie ein adäquates Vorbild vor Augen geführt bekommen, wie man sich als verantwortlicher Elternteil verhält. Helfer, die mit solchen Kindern zu tun haben, können ihnen die Vernachlässigung, die sie erlebt haben, am besten dadurch erklären, dass sie sagen, ihre Eltern hätten wahrscheinlich niemals lernen können, für sich selber Sorge zu tragen. Sie hätten diese Fähigkeit deshalb auch nicht auf ihr eigenes Kind übertragen können. Wenn Kinder entgegenhalten, ihre Eltern seien doch Erwachsene und würden wie Erwachsene aussehen, dann könnte das Gegenargument wirken, dass es Menschen gibt, die äußerlich wie Erwachsene wären, aber innerlich noch wie Kinder. Es kann auch hilfreich sein, solchen Kindern zu erklären, was wir inzwischen über die Kindheitsgeschichte solcher Eltern wissen: »Die Eltern deines Vaters waren nicht in der Lage, sich um ihn zu kümmern und für ihn zu sorgen. Er ist deshalb in verschiedenen Heimen groß geworden, ich denke, er hat dabei niemals richtig lernen können, wie man mit kleinen Kindern umgeht und für sie sorgt.« Oder: »Deine Mutter und ihre Mutter haben sich häufig miteinander gestritten. Deine Mutter ist häufig ausgerissen und schließlich ist sie dauerhaft von zu Hause weggelaufen, noch ehe sie die Dinge lernen konnte, die man können muss, wenn man selber Mutter wird. Ich denke, das ist eine lange Geschichte. Schon deine Großmutter hat möglicherweise Schwierigkeiten gehabt, ihre Rolle als Mutter zu spielen, und hat es deshalb deiner Mutter nicht beibringen können.«

Die Absicht solcher Gespräche ist es immer, von der Schuldfrage wegzukommen – die dann häufig an gewisse unveränderliche Züge der Person gebunden wird – und das offensichtliche

Versagen auf das Ausbleiben oder Nichtstattfinden von Lernprozessen zurückzuführen. Schuld muss man büßen und leidet sehr darunter. Lernprozesse kann man nachholen. Der Erfolg erleichtert die Aufgaben des kommenden Lebens. Wenn es aber um das Lernen von Verhaltensweisen geht, die von Eltern erwartet werden, dann müssen wir sehr konkret werden. Ich empfehle deshalb, das Gespräch auf Fragen zu richten, was junge Mütter (und Väter) können müssen, wenn sie sich verantwortlich um ihr Baby kümmern sollen: »Weißt du, wie man eine Trinkflasche zubereitet und auf die richtige Temperatur bringt? Weißt du, wie man Windeln wechselt? Weißt du, wie man ein kleines Baby halten muss, wenn man es badet?« Oftmals antworten Kinder, dass sie das eine oder andere kennen und vielleicht sogar schon können. Sie haben es bei anderen Erwachsenen gesehen oder es ist im Fernsehen gezeigt worden. Wenn ein Kind zugeben muss, dass es keine dieser Tätigkeiten beherrscht, dann kann es sinnvoll sein, die eine oder andere Tätigkeit auszuprobieren und zu üben.

Es gibt auch Kinder, die darunter leiden, dass sie offensichtlich Bedürfnisse hatten, die von ihren Eltern nicht befriedigt werden konnten. In solchen Fällen kann es sinnvoll sein, zu erwähnen, dass der gute Wille, etwas zu tun, häufig nicht ausreicht, um es dann auch wirklich befriedigend zu machen: »Ist es dir nicht auch schon passiert, dass du etwas machen wolltest, und du hast es versucht und immer wieder versucht, aber dann war es immer noch zu schwer für dich?« Um dies zu illustrieren, können wir aktuelle oder naheliegende Beispiele finden: Wie schwierig es ist, zu lernen, sein Kinderfahrrad senkrecht zu halten, wenn es keine Stützräder hat; wie schwer es ist, eine fremde Handschrift zu entziffern; wie umständlich es ist, in großen Druckbuchstaben zu schreiben; aufzuhören, auf die Fingernägel zu beißen oder ins Bett zu machen. »Ich glaube, dass deine Mutter wirklich den guten Willen hatte, für dich ordentlich zu sorgen. Sie sich Rat bei anderen geholt und es immer wieder versucht. Aber am Ende war sie einfach nicht in der Lage, alle

Verantwortungen zu übernehmen, die mit der Sorge für dich verbunden waren und daran ist sie gescheitert.« Noch einmal: Die Haupttendenz solcher Gespräche sollte darin bestehen, Phantasien über die eigene Schuld der Kinder und über die willentliche Zurückweisung durch die Eltern zurückzudrängen und gleichzeitig das Verantwortungsbewusstsein der Kinder zu stärken, es selber einmal besser zu machen.

Es gibt unglücklicherweise eine Reihe von Fällen, in denen die Eltern oder ein Elternteil in der Tat kein Interesse zeigten und zeigen wollten, sich verantwortlich um ihr Kind zu kümmern. Hier haben wir es nicht mit Vernachlässigung im allgemeinen Sinne dieses Wortes zu tun, sondern mit Formen der mehr oder weniger bewussten Zurückweisung der Kinder und der Rolle als Mutter und Vater für diese Kinder.

Elterliche Zurückweisung

In Fällen bewusster Zurückweisung der Kinder durch ihre Eltern oder durch einen Elternteil ist besondere Sorgfalt in der Vorbereitung der Gespräche mit den Kindern notwendig. Einmal, um herauszufinden, was die objektiven und subjektiven Gründe für diese Zurückweisung gewesen waren oder gewesen sein mögen, zum anderen, um an der häufig auftretenden Tendenz der Kinder zu arbeiten, sich selber die Schuld für ihr Schicksal zu geben. Häufig wird es im Leben der Eltern eine Reihe von Tatsachen gegeben haben, welche die Zurückweisung wahrscheinlich gemacht haben (z. B. frühe Mutterschaft, keine Vorbilder für die Mutterrolle, Suchtkrankheit des Vaters, eine schwierige Kindheit oder allgemeine Schwierigkeiten und Enttäuschungen in der Phase der Geburt). Oder es gab etwas im aktuellen Verhalten des Säuglings, das die Zurückweisung der Elternrolle wenigstens auf den ersten Blick verständlich machte. Und oft sind es Begleitumstände, mit denen das Neugeborene selber gar nichts zu schaffen hat: Die Eltern wünschten sich einen Jungen und es wurde ein Mädchen; die Schwangerschaft war ungeplant oder kam zum falschen Zeitpunkt; der Vater oder die Mutter gehörten einer anderen ethnischen Gruppe an; das Neugeborene zeigte Zeichen von Behinderung oder war die Folge einer Vergewaltigung.

Es gibt auch Fälle, in denen die Zurückweisung der Eltern oder eines Elternteils eine Folge von Phasen im kindlichen Verhalten ist. In solchen Fällen ist es wichtig, herauszuarbeiten, welche Ursachen der Zurückweisung bei den Eltern liegen und welche bei dem Kind. Es gibt beispielsweise Phasen in der kindlichen Entwicklung, in denen manche Kleinkinder dauerhafte Wutanfälle zeigen und schwer oder gar nicht zu beruhigen sind. Manche Eltern werden mit solchen Situationen mehr oder weniger gut fertig, andere finden sie so unerträglich, dass sie den Säugling in fremde Hände geben möchten. Es gibt Eltern, die, bis über die Ohren voll mit eigenen Problemen, die Destruktivität ihrer Kinder, ihren Trotz und ihr offensichtlich dissoziales Verhalten unerträglich finden und sich nach Möglichkeiten umsehen, dieses Kind in fremde Hände zu geben. In solchen Fällen bleibt häufig nur der Ausweg, für das Kind eine Pflegefamilie zu finden, die besser in der Lage ist, mit den (häufig vorübergehenden) kindlichen Verhaltensweisen umzugehen.

Seelische Krankheiten

Wenn Kinder mit Eltern zusammenleben, bei denen sich gravierende seelisch-geistige Krankheitserscheinungen zeigen, ist es meist notwendig, im Gespräch mit den betroffenen Kindern an zwei Aufgaben zu arbeiten. Einmal geht es darum, das Verständnis für die Situation dieser Eltern bei den Kindern zu vertiefen, und zum anderen, zu begründen, warum möglicherweise eine zeitweilige Trennung des Elternteils von seiner Familie notwendig geworden ist.

Im Hinblick auf die Erklärung der Krankheitssymptome ist

es wichtig, den Ernst der Lage weder zu beschönigen noch ihn als jenseits jeder menschlichen Normalität darzustellen. »Hast du schon einmal einen schrecklichen Traum gehabt, und dann bist du aufgewacht und wusstest nicht mehr genau, ob es ein Traum gewesen war oder ob du das alles wirklich erlebt hast?« Oder: »Hast du manchmal Angst, in der Dunkelheit die Treppe in den Keller hinunterzusteigen, hast du vielleicht auch das Gefühl, jemand würde dich von hinten packen und wegschleppen?« Viele Kinder werden im Gespräch über solche Angstzustände berichten und ihre erwachsenen Gesprächspartner sollten dann den Versuch machen, darauf hinzuweisen, dass es der Unterschied zwischen gelegentlicher Furcht und einem Dauerzustand der Angst vor allen möglichen Dingen und Situationen, die eigentlich nicht zum Fürchten sind, ist, der eine ärztliche Behandlung notwendig macht. In diesem Fall muss die Angst vielleicht durch Medikamente oder durch den zeitweisen Aufenthalt in einem Krankenhaus behandelt werden. Kinder werden sich in manchen Fällen gegen den Gedanken eines zeitweisen Krankenhausaufenthaltes wehren: »Ich kann mich doch selber um Vati kümmern!«, wird ein Kind sagen und die Selbstverpflichtung anhängen: »Ich werde dafür sorgen, dass er regelmäßig seine Medizin nimmt und rechtzeitig zu Bett geht.« Vielleicht werden Sie dann sagen müssen: »Aber er hat jetzt Probleme, die zu bewältigen er einen anderen Erwachsenen braucht. Deine Aufgabe ist es jetzt, die Dinge zu lernen, die du deinem Alter entsprechend lernen kannst. Du musst dich deshalb um dich selber kümmern. Die sich um deinen Vater kümmern, sind Ärzte und Krankenschwestern im Krankenhaus und sie kennen sich gut aus.«

Andere Kinder werden nicht einsehen, dass ein Familienmitglied von ihnen getrennt und ins Krankenhaus eingewiesen wird. Auch der Hinweis, dass der Vater im Augenblick für sich selber sorgen müsse und sich nicht um seine Kinder kümmern könne, wird vielleicht mit dem Argument beantwortet: »O.K., dann sorge ich eben in der Zwischenzeit für mich selber und warte, bis er seine Probleme nicht mehr hat und wieder für mich sorgen kann.« Ich würde dann antworten: »Ich finde es toll, wie du deine eigenen Bedürfnisse zurückstellst, um dich um deinen Vater zu kümmern. Aber da gibt es Sachen, die du täglich brauchst und die keinen Aufschub erlauben: Essen, trinken, Wäsche waschen, den Wecker stellen, das Frühstück machen und dich auf den Schulweg bringen ... Du brauchst nicht erst später, sondern jetzt und jeden Tag jemanden, mit dem du Spaß hast und der dir hilft, deine Schularbeiten zu machen. Das sind Sachen, die können nicht warten. Das steht jetzt bei dir auf der Tagesordnung und das muss jetzt geschehen. Dein Vater wird jetzt haben, was er braucht. Und du musst haben, was du brauchst. Zumindest für einige Zeit.«

Inhaftierung

Kindern zu erklären, dass ein Elternteil eine Haftstrafe antreten muss, bedeutet, Kindern zu erklären, dass der Betreffende eine bedeutsame Erwachsenenregel missachtet hat und von einem ordentlichen Gericht mit einer Haftstrafe belegt worden ist. Wichtig wäre es in Gesprächen mit Kindern, die durch eine Haftstrafe ihres Vaters oder ihrer Mutter zeitweise von ihnen getrennt worden sind und anderweitig untergebracht werden müssen, diesen Tatbestand nicht zu beschönigen, ihn auf der anderen Seite aber auch nicht zu dramatisieren. Wichtig ist es, Kinder darauf vorzubereiten, im Hinblick auf den Tatbestand selber ein klärendes Gespräch mit dem betroffenen Elternteil zu führen, sobald er wieder für ein solches Gespräch verfügbar ist. Die Grundtendenz dabei sollte sein, möglichst frei von allen »Schuld«-Vermutungen und »Schuld«-Zuschreibungen herauszufinden, was wirklich passiert ist und wie es in Zukunft vermieden werden kann. Denn weder Kinder noch betroffene Elternteile werden wünschen, dass eine solche erzwungene Trennung sich wiederholt.

Drogenabhängigkeit

Ein angemessener Weg, um Kindern die stoffliche Abhängigkeit von Drogen zu erklären, ist es, an kindliche Formen magischen Denkens zu erinnern: »Hast du nicht manchmal gehofft, durch ein Zauberwort oder durch einen Zauberstab mit einem Schlage die Schwierigkeit aus der Welt zu schaffen, die dich gerade in Atem gehalten hat?« Die Antwort wird in vielen Fällen ein »Ja!« sein. »Siehst du, so ist es auch mit deiner Mutter gewesen, als sie gehofft hat, Alkohol (oder eine andere Droge) als einen Zauberstab zu benutzen, der all ihre Sorgen wegwischt oder ihr wenigstens hilft, ihre Probleme zu vergessen. Das Problem mit diesem Zauberstab ist es aber, dass er dich nicht nur deine Sorgen vergessen lässt, sondern auch die Verpflichtungen, die du als Mutter beispielsweise gegenüber deiner Familie hast. Das Problem mit dem Alkohol besteht darin, dass er kein Zauberstab ist. Er schafft die alten Probleme nicht weg – aber er macht neue Probleme und die neuen Probleme verstärken die alten. Um weiter erfolgreich an den alten Problemen arbeiten zu können, muss man auf den Alkohol verzichten. Guter Wille reicht dazu nicht, denn unser Körper hat sich nach einiger Zeit an die Droge gewöhnt und verlangt nach ihr, auch wenn wir es eigentlich gar nicht mehr wollen. Deshalb muss man den Körper in einem Krankhaus ›entgiften‹ lassen, das ist eine schwierige Aufgabe, die unsere ganze Kraft erfordert. Deshalb kann sich deine Mutter jetzt für drei oder vier Wochen nicht um dich kümmern, sondern muss für sich selber Sorge tragen. Du kannst ihr dabei helfen, indem auch du für dich selber Verantwortung übernimmst.«

Kinder in ihren neuen Familien

Kinder, die den tiefgreifenden Verlust einer geliebten Person erlitten haben, bewältigen diesen Verlust meist unter zwei Bedingungen auf eine bemerkenswerte Weise: wenn sie genügend Zeit und Hilfe hatten, den Verlust und die damit verbundene Trauer auf angemessene Weise zu »bearbeiten« – wir verwenden deshalb häufig das eigentlich unschöne Wort von der »Trauerarbeit« – und wenn sie gleichzeitig weiterhin über den Zugang zu vertrauten und glaubwürdigen Personen verfügen, also nicht ihr gesamtes Netzwerk von Beziehungen und Gefühlen neu ordnen müssen. Wenn nun beide Elternteile verstorben sind oder wenn kein Elternteil in der Lage ist, sich dauerhaft und verantwortlich um das Kind zu kümmern, ist der nächste und beste Verantwortliche jemand, den das Kind kennt und dem es vertraut. Aber es gibt viele Kinder, für die solche Optionen nicht existieren. Die beste und häufig auch die einzige Chance, zu einer neuen, dauerhaften und liebevollen Bezugsperson zu kommen, wird darin bestehen, dass eine neue Familie gesucht und gefunden werden muss.

Ein solcher Wechsel in eine neue Familie bringt neue Probleme mit sich, welche unter Umständen die alte, noch nicht abgeschlossene Trauerarbeit komplizieren können. Bei Kindern, die von noch lebenden Eltern getrennt worden sind oder getrennt werden mussten, kann die Konfrontation mit einer neuen Familie die Trauer über den Verlust der »eigentlichen Ursprungsfamilie« und die andauernde Loyalität ihr gegenüber verstärken und auch die immer wache Hoffnung, dass die Trennung von der alten Familie rückgängig gemacht werden könne. Solche Hoffnungen werden durch die Unterbringung in einer Pflegefamilie, durch die Wiederverheiratung eines Elternteils oder durch den Abschluss eines Adoptionsprozesses zumindest in der Realität endgültig enttäuscht.

Wenn wir mit der Aufgabe betraut sind, ein Kind auf eine neue Pflegefamilie, auf eine Adoption oder auf eine andere dauerhafte Unterbringung außerhalb der Ursprungsfamilie vorzubereiten, ist es zunächst einmal von entscheidender Bedeutung, dem Kind wahrheitsgemäße Informationen darüber zu geben, was nun passieren wird. Mit wem wirst du in Zukunft zusammenleben? Wo wirst du wohnen? Wer wird die für dich wichtigste Bezugsperson sein? Diese Fragen sollten mit dem betroffenen Kind nicht nur einmal, sondern mehrfach und mit großer Geduld besprochen werden. Dabei ist es für uns Erwachsene wichtig, zu begreifen, dass die Vorbereitung auf die neue Situation – so viele Vorteile sie in unserem Verstand immer enthalten mag – nicht bedeuten muss, dass das betroffene Kind freudig und willig auf die neue Situation zugeht und sich in die neue Familie einfügt. Die unterschiedlichen Formen des Erwachsenendenkens lassen sich am besten am Beispiel der »Wiederverheiratung« illustrieren. Wir Erwachsenen neigen dazu, Kindern eine solche Wiederverheiratung eines Elternteiles dadurch schmackhaft zu machen, dass wir ihnen zeigen, dass sie nun wieder zwei voll für sie verantwortliche Elternteile (und im Prinzip sogar drei, wenn man die Vergangenheit mit berücksichtigt) haben werden. Das betroffene Kind hingegen wird unter Umständen Trauer und Wut produzieren, weil es die Zuwendung der Mutter (oder des Vaters) nun mit einem neuen Partner (oder einer neuen Partnerin) teilen muss und es befürchtet, dass es darüber hinaus mit einem zusätzlichen Erwachsenen rechnen muss, der ihm Anweisungen geben, Grenzen setzen und Disziplin auferlegen kann.

Es ist hilfreich, wenn wir die Gespräche darüber, was künftig passieren wird und was künftig passieren muss, auf einer vergleichsweise gegenständlichen Ebene führen. Beispielsweise spielt die Frage eine große Rolle, wie wir die »neuen Eltern« oder »neuen Geschwister« nennen und anreden werden. Nennen wir die neuen Eltern bei ihrem Nachnamen? Können wir sie mit dem Vornamen anreden? Wie erklären wir ihre Anwesenheit gegenüber unseren Freundinnen und Freunden? Sagen wir: »Das ist meine neue Mutter« oder »Das ist meine neue

Stiefschwester«? Wie erklären wir beispielsweise in der Schulklasse, dass unsere Eltern einen anderen Nachnamen haben als wir?

Beim Hineinwachsen in die neue Familie wird für die Kinder wichtig sein, herauszufinden, wie das Kräfteverhältnis in dieser Familie verteilt ist und auf welche Weise die wichtigsten Entscheidungsprozesse zustande kommen. Hat der neue Vater das Sagen? Oder die neue Mutter? Oder der älteste Sohn in der Familie? Gibt es so etwas wie eine gemeinsame Meinungsbildung, an der auch das neue Familienmitglied so schnell wie möglich beteiligt wird? Die Beantwortung aller solcher Fragen sollte nicht dem Zufall überlassen werden. Sie sollte sowohl mit den betroffenen Kindern in der Vorbereitung ihres »Umzugs« in die neue Familie erörtert werden als auch mit der aufnehmenden Familie, die möglicherweise verschiedene Probleme überhaupt noch nicht sieht, die wir als Außenstehende erwarten und manchmal auch befürchten.

Wie man ein Kind auf die neue Familie vorbereitet

Es gibt verschiedene Strategien, um ein Kind auf eine neue Familie vorzubereiten, in der es künftig dauerhaft leben wird. Sozialarbeiter und Sozialpädagogen, die mit solchen Fällen befasst sind, raten dazu, die aufnehmende Familie dafür zu gewinnen, sich selber in Gestalt eines Fotoalbums vorzustellen, das dem aufzunehmenden Kind vor Augen führen soll, wie das neue Heim aussieht, welche Leute dort wohnen, was sie machen und was ihre Lieblingsbeschäftigungen in der Freizeit sind, wie der Kindergarten aussieht und die benachbarte Schule. Ein solches Fotoalbum kann auch in anderen Situationen hilfreich sein, um Kinder auf einen längeren Aufenthalt bei Verwandten vorzubereiten, oder wenn die Familie in eine neue Stadt zieht, die das Kind bisher noch niemals gesehen hat.

Da sind beispielsweise Robert und die Sozialarbeiterin, die

sich um ihn kümmert. Beide blättern in dem Fotoalbum, das die aufnehmende Familie für Robert vorbereitet hat. Die beiden gehen das Album Seite für Seite durch: »Das hier sind die Walterbergs. Sie leben in einem grauen Zweifamilienhaus am Ende einer lebhaften Geschäftsstraße. Das hier ist Vati Walterberg. Er arbeitet in einem Supermarkt. Am Wochenende kümmert er sich um das Haus und versorgt den Garten. Im Übrigen freut er sich schon darauf, wenn du ihn beim Fischen begleitest. Das hier ist Mutter Walterberg. Sie liest gern, sie kocht sehr gut und sie singt im Kirchenchor. Sie freut sich schon auf ein neues Kind, mit dem sie die Weihnachtsplätzchen backen kann.« Auf diese Weise wird jedes Familienmitglied einschließlich der Haustiere vorgestellt. Typische Familienaktivitäten werden im Bild festgehalten. Da wird auch der Mittagstisch gezeigt, an dem ein Platz für Robert freigehalten worden ist. Ein kleines Kinderzimmer ist zu sehen, in dem Robert schlafen und spielen wird, und auch die Schule ist auf mehreren Bildern festgehalten worden.

Auch das aufzunehmende Kind sollte die Möglichkeit haben, sich vorzustellen. Die Benutzung eines Videobandes oder einer DVD, die das Kind beim Spielen zeigt und bei anderen Aktivitäten, könnte eine sinnvolle Rolle spielen. Dabei könnte auch ein Gespräch zwischen dem Kind und der Sozialarbeiterin mitgeschnitten werden, in dem das Kind sich selber vorstellt und mit der Sozialarbeiterin über seine Hoffnungen, Wünsche und Neigungen spricht. Das kann bis hin zu den Essgewohnheiten gehen. Ein solches Vorstellungsband kann schon in einer Phase benutzt werden, in der das Jugendamt noch auf der Suche nach einer neuen Pflegefamilie ist. Kinder, die ein bestimmtes Alter erreicht haben, verstehen es meist sehr gut, dass ein solches Vorstellungsgespräch keine sofortige Wirkung hat, sondern dass alle Beteiligten Geduld haben müssen, bis die richtige Familie gefunden worden ist.

Abschied und Ankommen arrangieren

Die Art und Weise, wie Sie den Übergang eines Kindes aus seiner Familie in eine neue Familie arrangieren, wird für das Kind und sein Selbstbewusstsein von entscheidender Bedeutung sein. Es kann trotz des Wechsels so etwas wie Kontinuität signalisieren und dem Kind vermitteln, dass es in diesem Prozess geschätzt wird und im Mittelpunkt steht. Die Bereitschaft, mit der das Kind sich in der neuen Familie »zu Hause« fühlt, darf nicht daran gemessen werden, dass es die Vergangenheit in seiner Ursprungsfamilie vergisst oder gar gering achtet. Aber manchmal sehen sich die Angehörigen in aufnehmenden Pflegefamilien als die »besseren Eltern« und blicken auf die Angehörigen der Ursprungsfamilie des Kindes als unangemessene, vielleicht sogar schlechte Eltern herab. Auch Kinder haben manchmal das Gefühl, sie müssten die alten Loyalitäten verleugnen, ehe sie in neue positive Beziehungen von Intimität und Zuwendung eintreten dürfen. Professionelle Helfer sollten darauf achten, dass das Bedürfnis von Kindern respektiert wird, auch weiterhin positive Gefühle an die Ursprungsfamilie zu binden. Ja – sie sollten ihnen helfen zu verstehen, dass es nicht nur möglich, sondern überaus wünschenswert ist, als Kind eine Beziehung nicht nur zu einem, sondern zu mehreren Elternpaaren zu haben, ohne sich verstellen zu müssen oder unehrlich zu sein.

Professionelle Helfer sollten darauf hinwirken, dass sich die abgebende Familie bereit erklärt, bereits im Vorfeld des Umzugs des Kindes den Kontakt zur neuen Familie aufzunehmen und, wenn die Zeit gekommen ist, sich in einer Art respektvollen »Abschiedsrituals« von ihrem Kind zu verabschieden. Selbst wenn es eine Entscheidung gegeben hat, den Kontakt des Kindes zu seiner Ursprungsfamilie zu beenden, sollte eine Situation hergestellt werden, in der es für die abgebenden Eltern möglich ist, sich auf unterstützende und wertschätzende Weise von ihrem Kind zu verabschieden. Wenn das mit den direkt betroffenen Personen nicht möglich ist, dann sollten geeignete dritte

Personen dieses Abschiedsritual in die Hand nehmen, damit das Kind nicht einfach von einem Ort an einen anderen Ort geschoben wird.

Meine eigenen Erfahrungen zeigen mir, dass wir häufig die Bereitschaft abgebender Familien unterschätzen, sich auf ein solches Ritual einzulassen, weil wir sie für »beschränkt« und »in ihren negativen Gefühlen befangen« halten, um dem Kind, das sie nun verlassen soll, das zu geben, was es als positive Erinnerung braucht. Wenn wir diese Eltern aber darauf vorbereiten und ihnen eine faire Chance geben, sich von dem Kind, das sie verlassen wird, zu verabschieden, ihm alles erdenklich Gute zu wünschen, ohne die Realität zu leugnen, die hinter den Beteiligten liegt, dann habe ich in sehr vielen Fällen gefunden, dass sie diesen Abschied auf eine eindrucksvolle Weise bewältigten und damit ihrem Kinde halfen, mit der schwierigen Übergangssituation fertig zu werden. Die Kinder profitieren von einer solchen Situation, weil sie ihnen Teile ihres schlechten Gewissens nimmt. Und die Eltern haben die Chance, bei der Vorbereitung eines solchen Rituals noch einmal ihre eigenen Gefühle zu bearbeiten und dabei auf die Unterstützung von Dritten zurückgreifen zu können.

Um eine solche, zugegeben schwierige Situation vorzubereiten und herzustellen, sind mindestens vier Besprechungen nötig. Mindestens jeweils eine Besprechung mit der abgebenden und der aufnehmenden Familie, mindestens eine Sitzung mit dem Kind und zum Schluss eine gemeinsame Sitzung mit allen Beteiligten. Auf diesen vorbereitenden Sitzungen sollten alle Beteiligten die Möglichkeit haben, sich über ihre Gefühle Klarheit zu verschaffen und das vorzubereiten, was sie in der Situation selber sagen werden. Es ist sogar denkbar, dass die Erwachsenen auf die Idee kommen, diese vorbereitenden Gespräche auf Band aufzunehmen und sich noch vor der Zeremonie mehrfach anzuhören.

Beim Abschiedsritual selbst wird der professionelle Helfer entweder ein schweigender Zuhörer oder ein aktiver Zeuge sein, der den positiven Austausch von Botschaften aller Beteiligten anregt und in Gang hält. Wenn alle Beteiligten über die emotionale Energie und andererseits auch die Disziplin verfügen, die dafür notwendig ist, können sie das »Kerzenritual« inszenieren, das ich im Anschluss an dieses Kapitel beschreibe. Wenn die Beteiligten es wünschen, kann diese Zeremonie auch akustisch gespeichert und als Erinnerung aufgehoben werden. Auf jeden Fall sollten Bilder von der Zusammenkunft gemacht werden, die allen Beteiligten als Abschiedsgeschenk übergeben werden können. Diese Abschiedsrituale können für alle Beteiligten sehr ergreifend sein. Auch professionelle Helfer kämpfen manchmal mit den Tränen und zeigen deutliche Mitgefühle. Alle aber sollten wissen, dass es angemessen ist, seine Gefühle deutlich zu zeigen. Ich selber habe mehr als 20 Jahre mit solchen Situationen beruflich zu tun gehabt. Das hat mich davon überzeugt, dass ein solches Arrangement zu den besten Möglichkeiten gehört, Missverständnisse zu vermeiden und gute Gefühle für die Zukunft zu konservieren. Wir können solche Situationen auch auf andere Formen des Abschieds und der Trauer übertragen. Sie können die beteiligten Erwachsenen und die Kinder frei machen, ihre Trauer auf eine klare und hilfreiche Weise auszudrücken und damit Verwirrung, Konflikte und damit verbundene künftige Schwierigkeiten zu dämpfen, welche die Prozesse des Trauerns belasten und in dauerhafte Traumata verwandeln können.

Das Kerzenritual

Das Kerzenritual ist eine gute Strategie, um Kindern die Erfahrung zu vermitteln, dass sie Zuneigung zu einer neuen Familie entwickeln können, ohne die Liebe zu anderen wichtigen Personen ihres Lebens aufgeben zu müssen. Um das Ritual in Gang zu setzen, brauchen Sie zunächst nichts weiter als einen Kerzenhalter für so viele Kerzen, wie es Orte und Menschen gegeben hat, die für das betreffende Kind bedeutsam bzw. verantwortlich waren. Ich erinnere mich an ein solches Ritual, das ein Mitarbeiter des Jugendamtes in die Hand genommen hatte. Er entzündete die erste Kerze und sagte dazu:»Als du geboren wurdest, wurdest du mit einer wichtigen menschlichen Eigenschaft begabt – mit der Fähigkeit, zu lieben und von anderen geliebt zu werden. Diese Fähigkeit ist wie eine Kerze; sie leuchtet, wärmt und macht uns fröhlich.« Dann nahm er die zweite Kerze in die Hand und sagte:»Als du geboren wurdest, waren um dich deine Mutter und dein Vater. Ihr habt eine Menge Zeit miteinander verbracht, deine Mama hat dich an ihrer Brust trinken lassen, sie haben dich gefüttert – am Tag und manchmal auch mitten in der Nacht. Sie haben deine Windeln gewechselt, wenn sie nass waren oder schmutzig. Sie haben gelächelt, wenn sie dich sahen, und haben dich in ihre Arme genommen. So warst du nahe bei ihnen und sie waren nahe bei dir. Wenn Menschen aber nahe beieinander sind, dann entwickeln sie auch besondere Gefühle füreinander. Sie entfachen die Fähigkeit zur Liebe, die in ihnen wohnt. Auch du hast bei deinen Eltern ein solches Licht entzündet.« Nachdem die zweite Kerze angezündet worden war, fuhr der Sozialarbeiter fort:»Da kam eine Zeit, als die Eltern sich stritten und miteinander handgreiflich wurden. Nachbarn hörten es und riefen die Polizei. Als die Polizei kam, stellte sie fest, dass auch du in diesem Handgemenge geschlagen worden warst. Sie kannten die Regeln, dass Kinder nicht geschlagen werden dürfen. So übergaben sie diese Sache an einen Richter. Der Richter entschied, dass du eine andere Familie finden solltest. Eine Kollegin von uns brachte dich in ein Kinderheim, wo du wohnen solltest, bis du eine neue Familie gefunden hättest, die sicher für dich sorgen könnte. Das war zunächst eine schwierige Zeit für dich im Kinderheim. Du wolltest wieder nach Hause. Aber nach einiger Zeit hast du dich an die anderen gewöhnt und auch sie haben sich an dich gewöhnt. Ihr alle rücktet enger aneinander.« Und jetzt entzündete der Kollege eine dritte Kerze und stellte sie neben die beiden anderen.»Das

Wichtige an dieser Sache aber ist, dass die Zuneigung zu denen im Kinderheim nicht bedeutete, dass du die Zuneigung zu deinen Eltern vergessen hast. Das ist die wundersame Eigenschaft der Fähigkeit, Menschen zu lieben: Diese Liebe ist nicht auf eine, auf zwei oder auf drei Personen beschränkt. Man kann sie auf viele Menschen erweitern, zu denen man gute Beziehungen entwickelt. Die Fähigkeit, zu lieben und geliebt zu werden, hört nicht auf.«

»Du weißt, was dann geschah: Nach einer Zeit entschied der Richter, dass du nicht wieder zu deiner alten Familie zurückkehren solltest, sondern dass wir eine neue Familie finden würden, bei der du leben könntest, bis du erwachsen bist. Ich wurde damit beauftragt, eine solche Familie zu finden, dich aber weiterhin zu begleiten. Wir fanden die Familie Günter, die sich schon lange ein drittes Kind gewünscht hatte. Du hast sie besucht und hast dich entschieden, bei ihnen zu leben. Das mag in der ersten Zeit schwierig sein, so wie die erste Zeit in dem Kinderheim schwierig gewesen ist. Vielleicht wirst du traurig sein oder wütend und dich zurück ins Kinderheim oder zurück zu deiner ersten Familie wünschen. Aber nach einer Weile, so denke ich, wirst du vertraut mit den Günters werden und du wirst bei ihnen eine neue Kerze entzünden und sie werden bei dir dasselbe tun. Darum werde ich jetzt diese neue Kerze entzünden. Sie alle brennen zur gleichen Zeit und keine muss ausgelöscht werden, nur weil eine neue dazugekommen ist.«

Diese Zeremonie, an die ich mich erinnert habe, ist ein Beispiel von vielen. Sie kann entsprechend unterschiedlichen Situation variiert werden: für Kinder, die ein Elternteil verloren haben, für Pflegekinder, für Kinder, die adoptiert worden sind, und für Stiefgeschwister, die sich sorgen, dass sie nun ihre Eltern mit einem Stiefbruder oder einer Stiefschwester teilen müssen und dabei etwas von der Liebe ihrer Eltern verlieren könnten. Die tragende Botschaft dieses Rituals ist es, Kindern den Weg zur Zuwendung und Zuneigung für eine neue Familie zu eröffnen, ohne sich gezwungen zu sehen, auf die alten Gefühle gegenüber anderen Personen verzichten zu müssen, die für das Kind gesorgt haben und die ihm nahe gewesen sind. Kinder begreifen die Botschaft eines solchen Rituals. Sie sagen beispielsweise: »Zwing mich nicht dazu, meine Kerze auszulöschen!«, wenn sie sich in einem Stellungskrieg zwischen unterschiedlichen Sorgeberechtigten befinden.

Wir haben die Kerze als symbolische Verbindung zu der Art und Weise gewählt, wie Kinder »Liebe« wahrnehmen – als erleuchtend und warm – und so sollte man auch dieses Kerzenritual sorgfältig beschließen:

»Ich weiß, du hast jetzt verstanden, Andreas, dass unsere Liebe füreinander immer neue Kerzen entzünden kann. Ich denke, wir brauchen diese Kerze im Augenblick nicht mehr, um uns daran zu erinnern. Diese Kerze hier ist ja nicht in Wirklichkeit deine Mutter, sie wird dich weiterhin lieben, auch wenn wir die Kerze jetzt löschen. Bist du bereit, mir zu helfen, sie auszublasen?«

Für Säuglinge und Kleinkinder, die den Symbolcharakter des Kerzenrituals noch nicht verstehen können, können wir es in einem Ritual ganz wörtlich nehmen, dass ein kleines Kind von Hand zu Hand weitergegeben wird. Da gibt es z. B. eine Familie, die glücklich ist, die 15 Monate alte Josephine endlich adoptieren zu können. In einem Ritual übernimmt sie Josephine aus der Hand der Pflegefamilie, nachdem sie dort zwei Tage lang zugesehen hat, wie diese Familie mit Josephine umgegangen ist. Die Adoptionsmutter sitzt neben der Pflegemutter und schaut zu, wie Josephine gefüttert wird. Mitten in diesem Prozess übergibt die eine Josephine vorsichtig in die Hand der anderen. Josephine kann in die Augen der beiden Mütter sehen und wird fühlen, dass es sicher ist, von der neuen Mutter gefüttert zu werden, weil die vertraute Pflegemutter nun auch ihr vertraut.

3. Wie man den Kummer der Kinder verstehen kann

Die Reaktion eines Kindes auf die Trennung von einer vertrauten Person oder ihren endgültigen Verlust ist sicherlich ein individueller Akt und hängt von dem Charakter der Beziehungen zueinander ab. Es scheint so zu sein, dass Kinder mit einer glücklichen und stabilen Beziehung zu ihren Eltern die anspannende Situation einer Trennung auf eine besondere Weise erleben. Die langen Jahre vertrauensvoller Beziehungen und das Erlebnis von Wärme und Zuverlässigkeit haben ihnen offensichtlich Wege gezeigt, wie man leichter als andere Altersgenossen mit belastenden Situationen fertig werden kann (Brenner 1984). Wenn Kinder hingegen nur oberflächliche Beziehungen auch zu einem nahen Familienmitglied entwickeln konnten, erscheinen Kummer und Trauer kurzlebig und simpel – häufig zur Verwunderung von Erwachsenen, die stärkere Reaktionen erwartet haben mögen.

Obwohl die Verlusterfahrungen jedes Kindes individuell und einmalig sind und ihre je spezifischen Formen von Kummer und Trauer hervorrufen, gibt es doch die Möglichkeit, insgesamt drei Phasen des Trauerprozesses zu unterscheiden: eine spontane frühe Phase, eine andauernde akute Phase und eine abklingende Phase. Diese drei Phasen mögen sich überlappen oder ineinander schieben, dennoch werden bestimmte Bestandteile jeder Phase immer wieder und auf eine vorausschaubare Weise wahrnehmbar werden.

Ich will diese drei Phasen an einem sehr banalen Beispiel erklären, das mit Trennung, Verlust und Trauer noch nichts zu tun hat, sondern die Phasen einer ganz banalen Enttäuschung beschreibt. Stellen Sie sich vor, das Telefon klingelt, und Sie freuen sich, dass ein Anruf das Allerlei Ihrer gegenwärtigen Hausarbeit unterbricht. Sie eilen zum Telefon und stellen fest, dass der Anrufer inzwischen schon wieder aufgelegt hat. Ihre erste Reaktion wird sein, zu denken: »Oh nein! Das kann doch nicht wahr sein!« Ihre zweite Reaktion wird sein, sich zu fragen, ob der Anrufer nicht ein bisschen länger hätte warten können. Sie könnten sich aber auch sagen, dass Sie gerade jetzt die Abwechslung eines Anrufs gut hätten brauchen können und dass Sie nun offensichtlich Ihre Chance vertan haben. Schließlich könnten Sie sich selber dazu bringen, sich mit der verpassten Chance abzufinden und sich selber zu sagen: »Na ja, so wichtig wird es wohl nicht gewesen sein.« Dann könnten Sie sich wieder Ihrer unterbrochenen Tätigkeit zuwenden oder Ihrerseits einen Freund anrufen, der schon lange auf Ihren Anruf gewartet hat.

Die drei Phasen Ihrer Reaktion auf den versäumten Anruf dauern vielleicht nur ein paar Minuten, aber sie haben eine klare und identifizierbare Eigengestalt. Es beginnt mit einem aktuellen Schock, der gleichzeitig versucht, die Realität der Enttäuschung zurückzuweisen (»Das kann doch nicht wahr sein!«). Die zweite Phase enthält den Versuch einer Schuldzuweisung an sich selber oder an den Verursacher der Enttäuschung und damit verbunden die Gefühlsregungen von Ärger über den anderen oder sich selbst bzw. von Trauer über die verpasste Chance. Schließlich wird die Tatsache der entgangenen Chance akzeptiert und mit einer Entscheidungsrationalisierung versehen (»So wichtig wird es nicht gewesen sein«). Am Ende wird die Enttäuschung vergessen oder in die folgenden Tätigkeiten integriert.

Die Enttäuschungen oder auch Frustrationen, die mit der Trennung eines Kindes von einer vertrauten Person verbunden sind, können sicherlich nicht mit der Enttäuschung über einen verpassten Telefonanruf verglichen werden. Erwachsene, die an einem solchen Prozess der Verarbeitung von Kummer und Leid eines Kindes Anteil nehmen und ihn begleiten, werden auch häufig nicht alle Phasen dieses Verarbeitungsprozesses wahrnehmen können, weil Kinder häufig ihren Kummer verbergen oder unterbrechen und uns Erwachsenen dadurch den Eindruck vermitteln, sie hätten ihre Trauerarbeit bereits beendet (Brenner 1984). Trotz dieser Schwierigkeiten ist es eine Aufgabe von Erwachsenen, die einzelnen Phasen in der sich entwickelnden Trauerarbeit zu erkennen und angemessen darauf zu reagieren, um in diesem Prozess Hilfestellung zu leisten. Ziel dieser Trauerarbeit wird es immer sein, die Trauer in das Leben der Kinder zu integrieren und mit produktiven Aspekten zu versehen, statt die Trauer zu unterdrücken oder auf Dauer das Kind in eine Art Opferhaltung zu bannen.

Aktuelle Trauer

Die erste und spontane Reaktion auf Trennung und Verlust von Menschen und bedeutsamen Dingen produziert eine Reihe von abwehrenden Haltungen, die nebeneinander oder nacheinander auftreten können. Die häufigste Reaktion besteht darin, den Verlust zu verleugnen, was mit einer Abspaltung von der Situation oder Person einhergehen kann oder mit Hyperaktivität, Protest und struktureller Reizbarkeit, mit Alarmreaktionen wie spontaner oder andauernder Panik.

Leugnen

Luis ist 8 Jahre alt. Er hat die Beerdigung seiner Großmutter miterlebt, die bei seiner Familie gewohnt hat, solange er denken kann. Noch immer weint er, wenn er an sie denkt, und sagt, wie sehr er sie vermisst. Heute Abend, beim Fernsehen, läutet die Türschelle. Luis rennt zur Tür und ruft: »Ich komme, Oma, ich lass dich rein!«

Karla, 11, scheint die ersten Wochen nach der Trennung ihrer Eltern ganz gut überstanden zu haben. Aber heute läuft sie hinter der Mutter mit dem fragenden Ruf her: »Vati? Vati?« Ihre

Mutter erinnert sie: »Karla. Dein Vater wohnt hier nicht mehr. Du weißt, dass er in einen anderen Ort gezogen ist.« »Das stimmt nicht Mutti! Ich sah ihn gerade in seinem Auto die Straße herunterkommen. Er wird gleich hier sein!« Die Mutter erklärt sich diesen Vorfall so, dass Karla möglicherweise einen Wagen gesehen hat, der dem Fabrikat des Autos ihres Vaters ähnelte. Also reines Wunschdenken.

Das Leugnen eines schmerzhaften Tatbestandes ist eine frühe psychische Verteidigungshaltung. Es ist ein Mechanismus, der uns helfen soll, die Angst zu dämpfen, wenn wir uns bedroht fühlen. Es ist ein ähnlicher Mechanismus wie der, welcher uns gerade bei schweren körperlichen Verletzungen nur geringen Schmerz fühlen lässt. Es ist ein Mechanismus, der es uns erlaubt, Wahrnehmungen und Gefühle in Situationen zu dämpfen, in denen sie uns mit überwältigenden und zerstörenden Informationen versorgen. Umgangssprachlich gesprochen: »Wir machen zu.« Das Leugnen eines Tatbestandes erlaubt es auch trauernden Kindern, jene intensiven Gefühle zu unterdrücken, die sie verwundbar machen. Auf diese Weise sparen sie Energie, die sie brauchen, um künftige Anpassungsleistungen zu vollbringen. Das Leugnen eröffnet ihnen auch eine Atempause gegenüber den Erlebnissen von Schmerz und Trauer. Die erste Reaktion eines Kindes auf die überwältigenden Erfahrungen von Verlust kann deswegen eine gewisse Taubheit sein oder aber eine akute Panik, der eine augenscheinliche »Gefühllosigkeit« folgt. Darunter verbirgt sich gewöhnlich eine verdeckte Wahrnehmung der Realität, die zu Ausbrüchen von Panik, Schmerz, Wut oder einer Mischung dieser drei Erlebnisformen führen kann. Wenn die Realität des Verlustes ins Bewusstsein dringt, werden Kinder häufig zunehmend reizbar. Sie wimmern und heulen laut über den Verlust der Person.

Bei dieser frühen Form der Trauer ist es nicht ungewöhnlich, dass der Verlust zeitweilig vergessen scheint. Trauernde Personen bringen es fertig, eine bekannte Telefonnummer zu wählen, ehe sie daran erinnert werden, dass die Person am anderen

Ende der Leitung nicht länger am Leben ist. Oder sie gehen auf eine Person zu, von der sie glauben, dass es sich um ein abwesendes Familienmitglied handelt. Bei Tagträumen und des Nachts stellen sich Kinder häufig die nicht mehr lebende Person so deutlich vor, dass sie nicht glauben können, dass es sie nicht mehr geben würde. Solche Erfahrungen können dazu führen, dass das Kind wieder in den Schlaf flüchtet, um den Traum zu wiederholen, oder aber den Schlaf vermeidet, weil es sich vor dem bösen Erwachsen fürchtet. In solchen Fällen kann es hilfreich sein, die Kinder zu ermutigen über ihre Träume und die damit verbundenen Gefühle zu reden. Denn es ist hilfreich, wenn die Last der Trauerarbeit nicht durch zusätzliche Traumerfahrungen vergrößert wird.

Hinterbliebene erträumen sich häufig die Anwesenheit der geliebten Person, wie sie in ihrem Lieblingsstuhl sitzt oder im Nachbarraum redet. Aber während Erwachsene zwischen Vorstellung und Wirklichkeit unterscheiden können – »Einen Augenblick lang habe ich gedacht, dass Stefan die Treppe hinaufgegangen ist« – verharren Kinder häufig im Konkreten – »Stefan, bist du das?« – und laufen zur Treppe. Manchmal führen Kinder auch aktuelle Gespräche mit der geliebten Person und bestehen darauf, dass sie sie sehen und hören, ein Verhalten, das uns Erwachsene häufig beunruhigt, weil wir glauben, das Kind halluziniere.

Wenn Kinder erst einmal begriffen haben, dass die geliebte Person in der Tat nicht mehr präsent ist, kann es passieren, dass sie wie ein Roboter durch ihr tägliches Leben gehen, dass sie reden und antworten und lächeln, als wären sie aufgezogen. Manchmal berichten uns solche Kinder, dass sie sich als von sich selber abgelöst erleben, so als würden sie sich selber auf dem Fernsehschirm sehen. Solche Erfahrungen der Ablösung von sich selber können manchmal nur Stunden dauern, manchmal dauern sie aber eine Reihe von Monaten. Während dieser Zeit zeigen diese Kinder häufig eine verminderte Körperwahrnehmung. Sie stolpern, fallen und werfen Gegenstände zu Boden, sie benehmen sich unkonzentriert, schwerfällig und ungeschickt.

In einer solchen Phase erscheinen manche Kinder geistig abwesend und lustlos, sie wirken zurückgezogen und zeigen wenig Interesse an alltäglichen Aktivitäten. Sie sitzen eine lange Zeit und starren vor sich hin, sie vermeiden den Kontakt mit anderen Menschen und gemeinsame Gespräche. Manche Kinder ziehen sich auch körperlich zurück: Sie kriechen unter das Sofa und verbergen sich im Kinderzimmer oder in abschließbaren Räumen wie dem Badezimmer. Besonders bei Kindern, die normalerweise sehr lebendig sind, führt ein solches Rückzugsverhalten zu einer begründeten Sorge bei den verantwortlichen Erwachsenen. Sie fürchten den körperlichen oder seelischen Zusammenbruch des betreffenden Kindes.

Regression

Emily war 6, als ihre beste Spielgefährtin ernsthaft krank wurde. Sie begann plötzlich wieder, wie ein Baby zu sprechen, und hörte damit auch nicht auf, wenn ihre Eltern sie ermahnten, sich doch ordentlich auszudrücken. Mehr und mehr wurde den Eltern ihr ununterbrochenes »Baby-Geplappere« so lästig, dass sie sich nicht mehr zu helfen wussten.

Joseph ist 9 Jahre alt. Er ist sonntags immer gern in die Kirche gegangen, bis sein Großvater starb. Jetzt hat er plötzlich Schwierigkeiten, sich für den Kirchgang fertig zu machen. Er weiß nicht, wie er sein Hemd anziehen soll. Es hängt ihm über der Hose und er muss immer wieder daran erinnert werden, dass er dort auch den Reißverschluss schließen muss. Seine Eltern rollen mit den Augen, denn er ist doch schließlich alt genug, um sich selber anzuziehen!

Psychologen nennen solche Fluchtbewegungen in einen bereits überwundenen Entwicklungszustand eines Kindes eine »Regression«. Wenn Kinder von einem schmerzlichen Verlust oder einer gravierenden Veränderung ihres Lebens betroffen werden, neigen sie manchmal dazu, erlernte Verhaltensweisen zu vergessen und auf alte, bereits überwundene, kleinkindliche Verhaltensweisen zurückzufallen. Einige zeigen eine verminderte körperliche Koordinierung und ein kindliches Sprachverhalten. Schulkinder greifen plötzlich wieder zum Sabberlätzchen und zur Milchflasche, sie nuckeln am Daumen oder brauchen plötzlich wieder ein längst abgelegtes Schlaftier. Sie beharren darauf, dass sie wieder Babys seien und angezogen oder gebadet werden müssten. Sie beklagen sich, dass ihre alltäglichen Pflichten plötzlich zu schwer für sie wären, und kriechen auf dem Boden rum, heulen oder bekommen Wutanfälle. Regression zeigt sich häufig auch in gesteigerten Aktivitäten des Mundes: beißen, sabbern, das Haar in den Mund nehmen, Bleistifte zerkauen und auf zerknüllten Papieren beißen. Es gibt auch Kinder, die plötzlich auf eine merkwürdige Weise besitzergreifend werden und fremde Gegenstände stehlen.

Häufig wecken regressive Handlungen bei den Erwachsenen die Befürchtung, dass die Rückkehr zu überwundenen kindlichen Lebensäußerungen auf Dauer erfolgt. Aber so schwierig es für uns Erwachsene ist, dies zu verstehen – Regressionen können auch eine entlastende und in der Perspektive heilende Wirkung haben. Und meistens handelt es sich keinesfalls um Formen von bewusster »Effekthascherei«. Wenn man Kinder in solchen Phasen der Entwicklung gewähren lässt, ohne auf ihr Verhalten in besonders positiver Weise einzugehen, dann kann es eine entlastende Wirkung ausüben und die nächste Phase der notwendigen Wiederanpassung an die Realität vorbereiten. Obwohl Regressionen Teil eines notwendigen Heilungsprozesses für manche Kinder sein können, sollten wir als Erwachsene dennoch eine eigenständige Position in unseren eigenen Reaktionen gewinnen. Wir sollten nicht mit offenen Strafen reagieren, aber wir sollten dennoch Beständigkeit zeigen. Wir sollten Verständnis für die regressiven Gefühle der betreffenden Kinder haben, aber wir sollten Grenzen setzen. So könnten wir sagen:

»Ich verstehe, dass es dich wütend macht, wenn deine Schwester in deinen Sachen herumwühlt. Aber ich kann nicht erlauben, dass du sie deswegen beißt. Wir müssen deshalb eine Regel finden, dass sie diese Spielzeuge, an denen ihr sehr gelegen ist, nicht erreichen kann.« Wenn Eltern merken, dass die regressiven Verhaltensweisen ihres Kindes von anderen Kindern und von Erwachsenen lächerlich gemacht werden, können sie die Regel aufstellen, dass ihr Kind diese Verhaltensweisen nur im Schutz der Familie und Wohnung zeigen darf. Dann aber sollten sie Schritt für Schritt Wert darauf legen, dass ihr Kind die früher einmal gezeigten Fertigkeiten und übernommenen Aufgaben im Haushalt wieder übernimmt. Das Ziel ist es, nach und nach ihre Erwartungen an das regredierende Kind zu richten und dabei eine faire Zeitvorgabe zu machen. Es kann dabei nützlich sein, vier Fragen zu stellen: Warum tut mein Kind das? Helfe ich meinem Kind, seine Gefühle ohne eigene Bewertung auszudrücken? Wie kann ich meinem Kind helfen, über diese Entwicklungsphase hinaus weiterzukommen? Tue ich auch wirklich alles, um das regressive Verhalten meines Kindes nicht mehr notwendig zu machen?

Eltern und andere Sorgeberechtigte, die sich ernsthafte Sorgen um die Schwere der von ihren Kindern gezeigten Regressionen machen, sollten professionellen Rat suchen. Es gibt Formen einer nicht allzu lange dauernden Spieltherapie, bei denen den Kindern gestattet wird, ihre regressiven Verhaltensweisen auszuagieren, und es gibt Möglichkeiten, Eltern und anderen Erziehern zu helfen, mit der Trauer von Kindern fertig zu werden, ohne sich einerseits in Machtspiele mit diesen Kindern einzulassen oder andererseits vor dauerhaften regressiven Verhaltensweisen zu kapitulieren, um Tränen oder neue Wutausbrüche zu vermeiden.

Protest

Tanja ist in eine Notunterkunft für Kinder eingewiesen worden. Ihre Mutter hat sie mit einem Nachbarn verlassen und ist ohne Angabe einer Adresse verschwunden. Tanja ist davon überzeugt, dass ihre Mutter versucht hat, mit ihr Kontakt zu bekommen, aber keine Ahnung hat, wo sie sich befindet und vorübergehend lebt. So gibt sie sich selbst die Schuld, den Kontakt zu ihrer Mutter verloren zu haben. Als ihr eröffnet wurde, dass ihre Mutter sehr wohl weiß, wo sie sich befindet, sich aber entschieden habe, die Tochter zur Adoption freizugeben, hält sie das für eine Lüge und schreit: »Ich glaube das nicht! Meine Mutter würde nie so etwas tun! Das ist eine Lüge!« Die Situation ist verfahren. Wenn niemand Tanja hilft, sie von der Realität zu überzeugen, dass sie nicht wieder mit ihren Eltern zusammenleben wird, wird sie all ihre Wut auf ihre Sozialarbeiterin richten und später einmal auf die in Aussicht genommenen Adoptiveltern. Vielleicht spekuliert sie auch darauf, dass ihre Mutter sie wieder bei sich aufnehmen wird, wenn sich keine Adoptiveltern finden.

Es gibt Kinder, die von einem Elternteil verlassen worden sind und die sich beharrlich gegen die Tatsache sperren, dass ihre Eltern nicht mehr für sie verfügbar sind. Sie wühlen in Erinnerungsgegenständen, in Bildern und Briefen und Geschenken, die sie bekommen haben, und entwickeln realitätsferne Wahnvorstellungen. Sie betteln darum, ihre Eltern wiederzusehen oder zumindest mit ihnen telefonieren zu dürfen. Wenn das alles nicht hilft, die Verbindung zu den verlorenen Eltern herzustellen, schieben sie die Schuld auf ihre gegenwärtigen Sorgeberechtigten und andere Erwachsene. Einen solchen Widerstand kann und darf man nicht brechen, gleichzeitig muss man verstehen, dass die in Aussicht genommenen Sorgeberechtigten oder Adoptiveltern es als kränkend erleben, wenn sie wegen der offensichtlich großen Anhänglichkeit der Kinder an ihre Mütter oder Väter über längere Zeit zurückgewiesen werden. Es erfordert sehr viel Geduld und Verständnis, diese Zeit zu überbrücken und durch positive Signale einsichtig zu machen, dass es die neuen Sorgeberechtigten gut mit ihnen meinen.

Hyperaktivität

Nach dem Verlust einer geliebten Person oder anderen Schicksalsschlägen reagieren Menschen aller Altersgruppen häufig damit, dass sie sich durch Überaktivität darüber hinwegzusetzen suchen, was ihnen geschehen ist. Kinder wollen plötzlich nicht mehr mit sich allein sein. Sie suchen ständig die Anwesenheit anderer Kinder oder hängen stundenlang am Fernsehschirm, um sich »abzulenken«. Jugendliche benutzen das Handy oder Musik, die sie sich ständig über einen Kopfhörer zuführen. Erwachsene nehmen ihre Zuflucht zu Drogen oder Alkohol. Solch ein Verhalten kann außerordentlich störend werden, vor allem, wenn es Familienmitglieder daran hindert, zu arbeiten oder zu schlafen.

Natürlich kann der Grund darin bestehen, dass Kinder, die beispielsweise dauernd reden oder auf andere Weise Lärm machen, lediglich auf sich aufmerksam machen wollen. Wenn das der Fall ist, wird es darum gehen, ihnen zu helfen, andere und bessere Möglichkeiten zu finden, sich auf jeweils einen Spiel- oder Gesprächspartner zu konzentrieren. Ihnen sollte geholfen werden, körperliche Betätigungen wie Schwimmen, Inlineskating oder Krafttraining zu benutzen, um neue, positive Erfahrungen mit sich selber zu machen, sich abzulenken und neue soziale Kontakte zu knüpfen. Andere tägliche Verpflichtungen mögen dabei eine Zeit lang in den Hintergrund treten. Aber es ist wichtig, dass diese Kinder wieder einen Ankerplatz finden, der ihnen Sicherheit, neue körperliche Kompetenzen und damit verbundene Selbstachtung verspricht. Bei dauerhaften Fällen von Hyperaktivität und wenn die verantwortlichen Erwachsenen Zweifel haben, ob es sich noch um den Ausdruck einer

»normalen« Verarbeitung von Kummer und Schmerz handelt, ist es auf jeden Fall empfehlenswert, einen Kinderneurologen aufzusuchen, der eine sicherere Diagnose darüber stellen kann, ob es sich hier um die Bearbeitung von Trennungserfahrungen handelt, die eben Zeit und Unterstützung braucht, oder um eine Hyperaktivität, die auf andere Weise medizinisch und vielleicht sogar medikamentös verarbeitet werden muss.

Alarm und Panik

Wir alle fühlen uns nach schweren Verlusten und der Trennung von geliebten Personen allein gelassen, hilflos und verzweifelt. Das gilt für Kinder wie für Erwachsene. Aber wir Erwachsenen haben, wenn es gut gegangen ist, die Erfahrung machen können, dass das Leben weitergeht und dass auch unsere Trennungsschmerzen ein Ende nehmen werden. Kinder haben solche Erfahrungen meist noch nicht machen können. Sie sind in besonderer Weise verletzlich und bedürfen besonderer Sorge, um ihr Gleichgewicht wiederzufinden.

Verluste geliebter Personen erhöhen häufig die Lebensangst von Kindern und ihre Körper reagieren wie auf eine plötzliche und neue reale Gefahr. Kinder können darauf mit Herzklopfen und erhöhtem Puls reagieren, mit Muskelspannungen, Schwitzen, Trockenheit im Mund und Blasenschwäche. Diese an und für sich nicht außergewöhnlichen physiologischen Reaktionen können ihre Angst vergrößern und Panikanfälle hervorrufen, die manchmal über Stunden dauern und die Kinder in einem Zustand von Hilflosigkeit, Erschöpfung, Schwäche und Handlungsunfähigkeit zurücklassen. Es gibt Psychologen, die meinen, dass die dauerhafte Schlaflosigkeit nach solchen Verlusterfahrungen auch ein Ausdruck dieser inneren Angst sein kann. Wenn das Vertrauen verloren gegangen ist, dass die Welt uns freundlich gegenübersteht, finden wir es unter Umständen außerordentlich schwierig, uns so weit zu entspannen, dass wir einschlafen können. Kinder sagen dann beispielsweise, sie würden nicht einschlafen, weil sie Angst hätten, dass dann ihr Herz aufhöre zu schlagen. In solchen Fällen müssen wir versuchen herauszufinden, ob es in der Alltagsroutine dieser Kinder Gegenstände und Routinen gegeben hat, die für diese Kinder ein Gefühl der Heimat und Geborgenheit signalisiert haben. Das können besondere Speisen gewesen sein, die Kinder bei leichteren Krankheiten bekommen haben, oder besondere Leckerbissen, die ihnen zur Belohnung bei besonderen Leistungen versprochen worden waren. Das kann eine Wärmflasche sein, die, vielleicht in ein besonders lustig bedrucktes Tuch eingewickelt, einem Kind Zuwendung und Fürsorglichkeit signalisiert. Das kann ein besonderer Schlafanzug sein, der sich besonders angenehm anfühlt, oder eine Flanellschlafdecke, die an ein besonderes Ferienerlebnis erinnert. Wenn Kinder in einer neuen Umgebung schlafen, ist natürlich auch das gewohnte Schlaftier eine wichtige Beigabe, um das Einschlafen zu erleichtern. Manchmal kann es auch hilfreich sein, wenn die Tür zu dem Raum, in dem ein Kind einschlafen soll, nur angelehnt wird, so dass die gedämpften Reden der Erwachsenen, die im Nebenzimmer sitzen, ein entspannendes Hintergrundgeräusch darstellen und die Lautlosigkeit der Nacht erträglicher machen.

Für uns Erwachsene ist es immer wichtig, dass wir die Angstzustände der betroffenen Kinder ernst nehmen, auch wenn wir sie und ihre Begründungen für wenig stichhaltig halten mögen. Tröstende Worte, körperliche Berührungen und zärtliche Umarmungen sind in vielen Fällen hilfreich, um körperliche Spannungszustände zu lockern. Es ist immer auch eine gute Idee, mit Kindern zu verabreden, dass sie sagen dürfen, was sie in der jeweiligen Situation dringlich brauchen: »Ich möchte jetzt mit dir sprechen!«, »Bitte, nimm mich in den Arm!«, »Bitte, lass uns noch einmal dieses Fotoalbum anschauen«. Manchmal ist es uns nicht möglich, dieser Bitte sofort zu entsprechen. Wir sollten dann einen nicht allzu fernen Zeitpunkt im Laufe dieses

Tages vorschlagen, an den wir uns aber dann auch zuverlässig halten müssen. Natürlich können wir nicht alle Wünsche erfüllen. Aber wir können Modifikationen erfinden: »Ich bin nicht deine Mutter, aber ich kann dich jetzt umarmen und streicheln, wie sie es getan haben mag«, »Ich muss jetzt dummerweise zur Arbeit, aber um 5 Uhr bin ich zurück und dann spielen wir zusammen Monopoly«.

Trennungsängste

Trennungsängste sind nach erlittenen Verlusterfahrungen häufig vorlaufende Ängste vor künftigen Verlusterwartungen. Kinder klammern sich dann häufig an verbliebene Erwachsene. Sie fragen beständig, wohin man denn gehe und wann man zurückkomme, wenn man auch nur für Augenblicke den Raum verlässt. Vor allem zwei alltägliche wiederkehrende Situationen können solche Trennungsängste mobilisieren: einmal die Zeit, wenn ein wichtiger Erwachsener die Familie verlässt, um zur Arbeit zu gehen, oder aber die Einschlafzeit, wenn das Kind in einem separaten Raum schlafen soll oder wenn die Eltern allein abends Besuche machen oder ins Kino gehen. In solchen Fällen ist es immer geboten, dass wir Erwachsenen vor der Situation klar und deutlich sagen, warum wir weggehen müssen, wohin wir gehen und wann wir zurückkommen werden. In Zeiten überall verfügbarer Mobiltelefone wird es ab einem bestimmten Alter notwendig sein, ein Handy in Reichweite des zu Hause gebliebenen Kindes bereitzuhalten und feste Rückkehrzeiten zu vereinbaren. Bei besonderen Schwierigkeiten dürfen die Kinder ihre abwesenden Eltern auch anrufen. Das geht natürlich nicht bei Theater- oder Konzertbesuchen. Manchmal hilft es auch, wenn die Kinder in der Abwesenheit im Bett der Erwachsenen schlafen dürfen.

Im Prinzip ist es bei Trennungsängsten vor allem wichtig, offen über die Abwesenheit von zu Hause zu sprechen, so dass

Kinder – angepasst an ihr Alter – immer wissen können, wo der abwesende Erwachsene ist und was er gerade tut. Man kann das auch durch einen schriftlichen Zeitplan unterstützen. Kinder haben schon früh Armbanduhren und lernen früh, mit ihrer Zeit umzugehen. Also können sie auch lernen, unseren Tagesverlauf zu verfolgen. Erreichbarkeit, Zuverlässigkeit und genaue Informationen über das, was wir als Erwachsene in unserer Abwesenheit von zu Hause tun, sind im Prinzip drei wichtige Grundsätze, die langfristig helfen können, akute Trennungsängste zu überwinden und Kinder wieder mit den Frustrationen zu versöhnen, die mit solchen Trennungen verbunden sind, selbst wenn sie zeitlich befristet und gut begründet sind.

Die Verarbeitungsphase

Die zweite Phase im Trauerprozess hat verschiedene Bestandteile: Sichsehnen und Verbitterung, Immer-auf-der-Suche-sein, Niedergeschlagenheit, Wut, Angst, Schuldgefühle und Scham, die Erfahrung eigener Desorganisation und Verzweiflung und schließlich die Aufgabe der Reorganisation der eigenen Gefühle und des eigenen Lebens. Die Bewältigung jedes einzelnen Teilaspektes dieser Phase hilft Kindern, sich von dem erlittenen Verlust zu erholen, zu akzeptieren, was nun einmal geschehen ist, und den Heilungsprozess einzuleiten. Kinder können eine Mischung der oben beschriebenen Gefühle zeigen, sie können auch im Laufe der Zeit von einem Gefühl zu einem anderen wechseln und es ist nicht ungewöhnlich, dass zunächst nur eine Reaktion im Vordergrund steht. Wenn dieses Gefühl verblasst, beginnt das Kind sich anderen Reaktionsweisen zuzuwenden. Einige Kinder beginnen mit nahezu überwältigenden Gefühlen von Angst und Trauer, andere beginnen mit Wutausbrüchen oder Schamgefühlen. Es gilt die Regel, dass jeder der auftretenden Gefühlszustände durchgearbeitet werden muss und keiner unterdrückt werden darf. Das kann ein langer und häufig auch von anderen Phasen unterbrochener Prozess werden. Er kann ein, zwei oder drei Jahre bei Erwachsenen dauern – und noch länger bei Kindern. Schulkinder brauchen häufig mehr Zeit als Kinder im Vorschulalter. Und Heranwachsende können in einer solchen Phase besonders verwundbar sein, weil in ihrer Entwicklung eh eine Menge Dinge in Fluss geraten. Neue und wichtige Aufgaben können auf der anderen Seite diese akute Phase abkürzen und die Konzentration auf neue, für wichtig gehaltene und in der Zukunft liegende Aufgaben lenken.

Kinder sollten wissen – oder es sollte ihnen vermittelt werden –, dass solche Gefühle, Reaktionen und Zustände häufig auftauchen und normal sind, wenn es um die Verarbeitung von Trennung und Trauer geht. Die Rückkehr zu einem kreativen und gesunden Leben durchläuft nun einmal eine Phase von Schmerzen und dabei gibt es keine Umwege und keine Abkürzungen – je größer der Verlust war, umso länger wird es dauern, ihn zu verwinden. Es ist ein Jammer, dass in unserer schnelllebigen Zeit, gekennzeichnet von augenblicklichen Gratifikationen, Leckereien aus der Mikrowelle und Zerstreuungsangeboten per Fernbedienung, die meisten Kinder wenig Erfahrungen haben, sich auf länger dauernde Prozesse einzulassen und zu akzeptieren, dass ihre Bemühungen häufig erst zu einem vergleichsweise späten Zeitpunkt honoriert werden. Aber Kinder sollten immer wieder auf eine eher beiläufige Weise daran erinnert werden, dass ihr Schmerz keine Krankheit ist, sondern Teil des Gesundungsprozesses, auch wenn sie dies im Augenblick möglicherweise nicht verstehen und nicht begreifen. Bei dieser Aufgabe hilft es ihnen häufig, dass wir als Erwachsene ihre Gefühlszustände als normal ansehen und ihnen helfen wollen, nicht gegen diese Gefühle anzukämpfen, sondern ihre Energie darauf zu richten, sie auszudrücken. Der Ausklang der aktuellen Trauerphase hängt in den meisten Fällen nicht unwesentlich davon ab, ob wir Erwachsenen fähig sind, die mit diesem Prozess verbundenen starken Gefühle der Kinder zu begleiten, zu tolerieren und zu verstehen. Komplikationen zeigen häufig solche Kinder, denen nicht erlaubt wurde, ihre genuinen Gefühle auszudrücken, und die dabei auch nicht unterstützt wurden. Dabei sollten wir beachten, dass Kinder, die in Familien leben, in denen die Erwachsenen Phasen tief empfundene Trauer durchleben, häufig Schwierigkeiten haben, ihrer eigenen Trauer zu Hause freien Lauf zu lassen. In solchen Fällen kann es wichtig sein, wenn die Kinder einen Erwachsenen außerhalb des Hauses finden, zu dem sie Vertrauen haben und mit dem sie reden können. Ein solches Arrangement sollte von den trauernden Eltern akzeptiert werden und nicht dazu führen, auf solche emotionalen »Gewährspersonen« eifersüchtig zu werden.

Was immer das Alter und die äußeren Umstände trauernder Kinder und Jugendlicher sein mögen, sie brauchen authentische empathische Erwachsene als Bezugspersonen, sie brauchen deren Respekt und deren Unterstützung. Wir sollten Kindern in dieser Phase sehr viel Zeit geben und auch von unserer Zeit sehr viel in die Kommunikation mit ihnen investieren. Wir sollten sie nicht zu neuen »produktiveren« emotionalen Zuständen und körperlichen Tätigkeiten zwingen, um den Trauerprozess abzukürzen. Gefühle sind nun einmal Signale bestimmter emotionaler Zustände. Sie sind Reaktionen auf etwas, das uns tiefgreifend berührt hat. Sie sind wie das Jucken nach einem Mückenstich. Es ist deshalb wenig nützlich, zu einem Kind zu sagen: »Sei doch nicht so wütend! Sei doch nicht so traurig! Sei doch nicht so niedergeschlagen!« Es ist genauso wenig nützlich, wie zu sagen: »Kratz dich doch nicht immer, wenn es juckt!« Wir sollten jedoch in einem Punkte unnachgiebig sein: Wir sollten Kindern nicht erlauben, ihre Gefühle in destruktive Handlungen umzusetzen, die andere Menschen oder Gegenstände gefährden.

In langer Erfahrung habe ich fünf Prinzipien gesammelt, die ich als Vorschläge an Erwachsene weitergeben möchte, die Kinder in ihrem Trauerprozess unterstützen und ermutigen möchten:

- Die Bedürfnisse und Gefühle dieser Kinder sollten Vorrang in Ihrem alltäglichen Leben haben. Wenn ein solches Kind den Versuch macht, seine Gefühle mit Ihnen zu teilen, dann wenden Sie sich ihm sofort (oder in anderen Fällen, sobald es geht) zu und konzentrieren sich auf das, was das Kind mit Ihnen vorhat. Versuchen Sie, die Botschaft zu vermitteln: »Deine Gefühle sind mir besonders wichtig. Ich habe die Zeit, mich dir zu widmen. Du langweilst mich dabei überhaupt nicht.«
- Wenn Kinder ihre Trauer, ihre Wut, ihre Schuldgefühle oder ihre Scham verbal oder körperlich ausdrücken, dann versuchen Sie nicht, sie dazu zu bewegen, diese Gefühle auf später zu verschieben oder zu leugnen oder zu verheimlichen. Unterdrückte Trauer verschlingt wertvolle Energie, die wir alle besser gebrauchen könnten, um mit den Folgeerscheinungen erlebter Trauer umzugehen. Außerdem könnten diese Folgeerscheinungen zu einem späteren Zeitpunkt erneut virulent werden und dann wirklichen Schaden anrichten.
- Wenn die Dauer des Trauerprozesses von Ihren eigenen Vorstellungen abweicht, dann respektieren Sie bitte den Unterschied. Seien Sie nicht ungeduldig oder ärgerlich über Äußerungen und Handlungen von Kindern, die gerade diese akute Phase durchmachen. Es sind gerade die Anerkennung und Wertschätzung kindlicher Emotionen genau zu dem Zeitpunkt, zu dem sie auftauchen, die es dem Kind erlauben, sich von einem emotionalen Zustand in einen anderen vorwärts zu bewegen.
- Erinnern Sie sich daran, dass Kinder oftmals jemanden brauchen, der einfach Zeuge ihrer Trauer und des damit verbundenen Schmerzes ist. Wenn Sie eine enge Beziehung zu einem Kind aufgebaut haben, dann werden Sie wissen, dass es nicht so sehr die Worte sind, die auszutauschen von Bedeutung wäre. Wohl aber Ihre Hand auf dem Knie des Kindes oder seinem Oberarm. Wohl aber beide Arme um die Schultern oder das Angebot einer Schulter, an der man sich ausweinen

kann. Gesten können sehr hilfreich sein. Worte können distanzieren.

– Wenn aber ein Kind seine Trauer zu benutzen scheint, um Aufmerksamkeit auf sich zu lenken, dann ist dies ein Signal, dass es offensichtlich noch andere Bedürfnisse dieses Kindes gibt, die nicht beachtet werden. Sie sollten versuchen herauszufinden, ob es außer dem Hauptthema der Trauer noch andere Themen im Leben dieses Kindes gibt, die beachtet werden müssen.

Wenn andererseits Eltern oder andere Pflegepersonen die Unterdrückung solcher Gefühle fördern und ausgesprochen oder unausgesprochen die Botschaft senden, dass es Gefühle gibt, die gut oder richtig sind, und andere Gefühle, die schlecht oder falsch sind, dann zwingen sie das Kind dazu, sich eine andere vertrauenswürdige und vertraute Person zu suchen, bei der es sich Unterstützung holt.

Verbittert sein und sich sehnen

Sarah ist 10, ihre Mutter starb vor zwei Jahren. Seitdem ist das Leben von Sarah schwierig geworden: Ihr Vater ist meistens weit weg und verlangt sehr viel von ihr. Sarah verwendet eine Menge Zeit darauf, sich in die Situation zurückzuträumen, als ihre Mutter noch lebte. An einem Sonnabendnachmittag geht sie mit einer Freundin in den Film »Schneewittchen« von Walt Disney. »Ich wünsch mir so, ich wünsch mir so ...«, singt die Hauptdarstellerin. Sarah laufen die Tränen die Wangen herunter. Schneewittchen – das ist sie selber: Alle Erwachsenen wollen nur, dass sie hart arbeitet, und keiner kümmert sich um ihre Gefühle und ihre Bedürfnisse. Sie lebt verlaufen in einem dunklen Wald, allein und voller Furcht. Oder sie liegt starr im gläsernen Sarg und wartet auf den Prinzen, der sie befreit und ins bunte Leben zurückführt.

Das ist wie ein früher Ausdruck magischen Denkens. Der Verlust, den man erlitten hat, das war noch nicht das Ende. Ein anderes Ende ist möglich. Immer wieder flackert die Hoffnung auf, dass die gute Zeit, die man selber erlebt hat, noch einmal zurückkehrt. Die Gefühle von Kindern schwanken zwischen Angst und Verzweiflung – und manchmal bricht wieder eine Hoffnung durch, die in der Tat »märchenhaft« ist.

Wie Sarah identifizieren sich manche Kinder mit Figuren aus Büchern, Fernsehsendungen und Filmen, Figuren, die ebenfalls einen tief greifenden Verlust erleiden, die aber am Ende durch die Liebe und die Bemühungen eines anderen zu einem glücklichen Ende finden. Die Welt unserer Medien hält viele Geschichten bereit, die das Versprechen enthalten: »Es mag im Augenblick unerträglich sein. Aber halte nur aus, dann wirst du belohnt werden.«

Die Märchenstoffe und Kunstfiguren, zu denen sich Kinder hingezogen fühlen, hängen selbstverständlich von der Verlustgeschichte ab, die das Kind erfahren hat – und sicherlich auch vom Entwicklungsalter. Sarah, von der ich eben geschrieben hatte, hat einige Züge mit Schneewittchen gemeinsam: Den Tod der Mutter, das Fehlen eines verständnisvollen und beschützenden Vaters, die Notwendigkeit, sich außerhalb der Familie zu orientieren, um bemerkt und anerkannt zu werden. Hinzu kommt, dass der Tod von Sarahs Mutter mit dem Höhepunkt in der Phase magischen Denkens von Sarah zusammenfiel. Ich hatte schon erwähnt, dass Kinder in dieser Phase oftmals glauben, der Tod sei ein vorübergehender Zustand. Aber anders als die Zwerge, die Schneewittchen bemuttert hatte, war Sarah natürlich nicht in der Lage, ihre Mutter ins Leben zurückzurufen, und musste deshalb warten und trauern. Andere Kinder identifizieren sich mit Geschichten, die ihre eigenen Erfahrungen widerspiegeln. In dem Märchen »An American Tail«, in dem ein verloren gegangenes Mäusekind verzweifelt versucht, die eigene Familie wiederzufinden, was ihm am Ende auch gelingt, spiegelt sich die Trennungsgeschichte mancher Pflegekinder wider. Andere Kinder identifizieren sich wegen ihrer besonderen Lebensgeschichte mit E.T., dem außerirdischen Jungen, der sich danach sehnt, wieder nach Hause zu seinesgleichen zurückzukehren. Es gibt Kinder, die immer wieder nach den Aufzeichnungen zu diesem Film fragen – andere aber hassen ihn, weil der Charakter des Hauptakteurs sie an Gefühle erinnert, die sie am liebsten verdrängen und vergessen möchten.

Auf der Suche

Tom wurde von seinen Eltern getrennt, als er 9 Jahre alt war. Sie hatten ihn über längere Zeit verwahrlosen lassen und missbraucht. Jetzt, mit 15, hatte er mit dem Bus ein paar Mal die alte Nachbarschaft besucht. Er wusste, dass seine Eltern schon vor Jahren weggezogen waren. Aber es tat ihm gut, wieder dorthin zu fahren, wo sein Kinderzimmer gewesen war und wo er die Straßen kannte. Tom würde verächtlich lachen, wenn man ihn darauf ansprechen würde, dass er immer noch auf der Suche nach seinen Eltern sei. Aber es ist richtig, dass er sich immer wieder in die Zeit und an den Ort zurückgezogen fühlt, wo er seinerzeit den schmerzlichen Verlust erfahren hatte. Vielleicht ist er auf der Suche nach den Erinnerungen, die seinerzeit zusammen mit seiner Familie verschwunden sind. Vielleicht hat er auch das Gefühl, dass er nun, nachdem er älter geworden ist, besser mit den Dingen fertig werden könnte, wenn sie ihm konkret gegenüberstehen. Vielleicht sind es auch alte Unsicherheiten, die ihn verfolgen, und denen er glaubt sich besser stellen zu können, wenn er konkret vor ihnen steht.

Bedürfnisse, die so oder vielleicht auch anders getönt sind, gehören unabhängig vom Charakter des Verlustes, den wir erlitten haben, zur Normalität unseres Lebens. Der Psychologe John Bowlby, den ich schon mehrfach erwähnt habe, führt ein solches Verhalten auf biologische Vorgaben zurück. Er fand heraus, dass Situationen, die unsere Bindung an geliebte Personen gefährden könnten, bei uns instinktive Reaktionen hervorrufen, um deren Verlust zu verhindern. Solche Reaktionen führen zu unmittelbaren, automatischen und intensiven Bemühungen, das verloren gehende Familienmitglied zunächst sicherzustellen und es dann daran zu hindern, die Beziehungen aufzugeben und die Familie zu verlassen. Solche Reaktionen scheinen besonders stark in Situationen zu wirken, in denen ein Kind noch sehr jung ist und auf den Verlust wenig vorbereitet war.

Ein solches nachträgliches Suchverhalten kann bald nach einer dauerhaften Trennung oder nach einem Verlust auftreten und kann über Jahre als Teil der normalen Trauerarbeit beibehalten werden. Es kann scheinbar ziellos auftauchen und sich in allgemeiner Ruhelosigkeit ausdrücken, in der Unfähigkeit still zu sitzen, im dauernden Versuch etwas zu tun. Oder es kann die Form einer verstärkten Beschäftigung mit der verloren gegangenen Person annehmen und eines erhöhten Interesses für die Orte, welche diese Person besucht hat oder wo man diese Person wiederfinden könnte. Ein solches Suchverhalten kann impulsiv und irrational erscheinen, wir brauchen nur an unser eigenes zielloses Verhalten zu denken, wenn wir nach einem verloren gegangenen Schlüssel fahnden.

Verlassene Kinder erleben häufig ein zwanghaftes Bedürfnis, die verloren gegangene Person wiederzufinden, selbst wenn sie wissen, dass dieser Versuch hoffnungslos ist. Das beschriebene Bedürfnis ist oftmals besonders stark bei Kindern entwickelt, die von ihren Eltern ausgesetzt worden sind, durch Trennung oder Scheidung entfernt, Pflegefamilien übereignet oder zur Adoption frei gegeben. In solchen Fällen erlaubt ein dauerhaftes Suchverhalten diesen Kindern, den Versuch zu machen, die verloren gegangene Person wieder an sich zu binden, oder den Versuch zu machen, die Dauerhaftigkeit des Verlustes auf die Probe zu stellen. Solange Kinder noch den Glauben nähren, dass der Verlust einer geliebten Person rückgängig gemacht werden kann, sind sie zum Handeln bereit. Eltern, die in Scheidung leben, berichten beispielsweise oftmals von sachlichen Besprechungen miteinander und mit den Kindern, bei denen es um die Regelung von Fragen der Gütertrennung und der finanziellen Verpflichtungen geht. Dabei hätten die Kinder versucht, eine Atmosphäre der Versöhnung herzustellen, indem sie das Licht dimmten, elegische Musik auflegten und andere Maßnahmen ergriffen, um eine Wiederversöhnung vorzubereiten, die überhaupt nicht zur Debatte stand.

Wenn Kinder sich davon überzeugt haben, dass eine Wiedervereinigung mit der geliebten Person unmöglich sei, kann es geschehen, dass sie den Versuch machen, die fehlende Person zu ersetzen. Es kann sein, dass sie sich so ähnlich kleiden, so ähnlich handeln, ähnliche Rollen und Verantwortlichkeiten übernehmen, wie sie sie von der Person kennen, die sie verlassen hat. Sie übernehmen Teile von deren Verantwortlichkeiten im Hinblick auf Personen oder Haustiere: »Armes Hundchen. Mach dir keine Sorgen. Ich werde mich jetzt um dich kümmern.« Eifersüchtig auf andere Familien, die sie für intakt halten, können sie den Versuch machen, ihre Familie wieder zu vervollständigen, indem sie ihren Vater (ihre Mutter) drängen, wieder zu heiraten oder noch ein Kind zu haben. Ein solcher Wunsch kann sich auf Adoptionsprozesse manchmal positiv auswirken. Die Kinder fühlen sich dann schnell wieder als Teil einer wirklichen Familie.

Diese Phase ruhelosen Suchens kommt erst dann zu einem Ende, wenn Kinder eine Menge möglicher Versuche gemacht haben, die Situation zu verändern, und wenn sie dabei erfolglos geblieben sind. Aber selbst wenn ihr offenes Suchverhalten ein Ende gefunden zu haben scheint, kann es immer noch das bewusste oder unbewusste interne Bedürfnis geben, etwas zu unternehmen oder zumindest zur Stelle zu sein, wenn die geliebte Person wieder auftaucht. Bowlby berichtete von einem 15 Jahre alten Mädchen, dessen Mutter an zerebralen Lähmungserscheinungen verstorben war. Vor ihrem Tod hatte es Spannungen und Auseinandersetzungen über das Körpergewicht des Mädchens gegeben. Die Mutter war wohl der Meinung gewesen, die

Tochter solle deutlich abnehmen. Nach ihrem Tode, anlässlich des 17. Geburtstages des Mädchens, begann dieses mit einer rigiden Diät und wurde wirklich wieder sehr schlank. Am Abend ihres Geburtstages machte sie den Eindruck einer Träumerin. Sie machte einen langen Spaziergang und schien völlig auf das Abnehmen konzentriert zu sein. Aber an dem Tag, der auf ihren Geburtstag folgte, begann sie wie eine Wilde zu essen und setzte dieses Verhalten über Wochen hinweg fort. Bowlby zog daraus die Schlussfolgerung: »Indem sie sich auf die Wünsche der verstorbenen Mutter einließ, wieder schlanker zu werden, hatte sie diese wohl veranlassen wollen, zu ihrem Geburtstag in die Welt zurückzukehren. Als dieser Handel offensichtlich keine Wirkung zeigte, begann sie wieder mit einer wahren ›Fressorgie‹« (Bowlby 1983, 372).

Die Ungeduld mit solchen zeitraubenden Suchprozessen von Kindern erschwert häufig die Arbeit mit Kindern in ihrer Trauerphase. Eine Reihe von Pädagogen und Psychologen hält nichts davon, ein Kind aufzufordern, sich nicht länger mit der eigenen Vergangenheit, sondern sich stattdessen mit der eigenen Zukunft zu beschäftigen. Solche Mahnungen würden lediglich dazu führen, dass die Kinder ihre Gefühle verdrängen und sich darüber hinaus unverstanden fühlen. Erwachsene, die wirkliche Hilfefunktionen haben, sollten verstehen, dass das Suchverhalten den Kindern langfristig helfen kann, die stattgefundenen Veränderungen zu akzeptieren. Es geht auch darum, die Phantasie der Kinder, etwa die Wiedervereinigung mit einer geliebten Person, zuzulassen. Das ist sicherlich ein lang anhaltender und schmerzlicher Prozess. Wenn wir diesen Prozess aber nicht zulassen, zwingen wir Kinder möglicherweise dazu, wertvolle emotionale Energien in andere nutzlose Versuche zu investieren, zum Beispiel Situationen wiederherzustellen, die nicht mehr wiederherstellbar sind.

Meine Überzeugung dagegen ist, dass es besser wäre, solche Energien in vorwärts weisende Anstrengungen zu investieren, dass es darum geht, die Zukunft zu gewinnen.

Vorwürfe, Liebesentzug und Wut

Bernd ist immer noch aufgebracht über die Trennung seiner Eltern. Seine Mutter versucht mit ihm darüber zu sprechen und ihm zu vermitteln, dass sowohl sie als auch sein Vater (ihr geschiedener Mann) sich um ihn kümmern werden. »Ich weiß doch, was das bedeutet!«, schreit Bernd, springt von seinem Stuhl auf und wirft ihn um. »Du und Vati – ihr beide kümmert euch doch nur um euer eigenes Wohlergehen! Ich hasse dich! Ich hasse euch beide!« Er verlässt den Raum, schlägt die Tür hinter sich im Kinderzimmer zu und wirft sich weinend auf sein Bett.

Desiré, deren älterer Bruder nach einer Party bei einem Autounfall umkam, schwankt zwischen Trauer und kaltem Terror. Was wird aus ihr werden? Wie konnte sich ihr Bruder nach der Party so unverantwortlich ans Steuer setzen und ihnen das alles antun? Sie sitzt in ihrem Zimmer und spricht mit dem Photo ihres Bruders: »Du Arschloch, Dennis! Du hast uns alle ruiniert! Ich werde dir das niemals vergeben!« Und dann, überwältigt von ihren Gefühlen für ihren Bruder, umarmt sie sein Photo und drückt es an sich.

Bowlby stellte bei seinen Untersuchungen fest, dass ein Viertel bis ein Drittel der Kinder, die er nach einem für sie bedeutsamen Verlust geliebter Personen untersucht hatte, überaktiv und aggressiv waren, dass sie an Gewalttätigkeiten gegen Gleichaltrige und Erwachsene beteiligt waren und dass sie Eigentum zerstörten (1980, 316). Wut ist eine nahezu universelle Reaktion auf Verluste. Eltern, die verzweifelte Stunden auf der Suche nach einem Kind zugebracht haben, das lange nach der vereinbarten Zeit nicht von einer Party zurückgekommen ist, und die dieses Kind dann, statt erleichtert über sein Erscheinen zu sein, mit Vorwürfen überhäufen. Eltern, die das mitgemacht haben, wissen, dass die erste Reaktion auf eine solche Situation zwar in Erleichterung besteht, jedoch sofort von Ausbrüchen von Wut und von Vorwürfen abgelöst wird. Tagesmütter und Erzieherinnen in Tageseinrichtungen können ein Lied von den zänkischen Reaktionen von Kindern singen, wenn ihre Mütter oder Väter sie am Abend wieder abholen. Diese Kinder, den Tag über angenehme und kooperative Spielpartner, werden plötzlich zänkisch, rüde, herrisch und feindselig, wenn ein Elternteil erscheint, um sie abzuholen. Nun, das ist eine andere Situation. Aber wenn der Verlust einer geliebten Person irreversibel ist, richten die Kinder, unfähig, ihre Wut auf die Person zu richten, die sie verlassen hat, ihre Aggression auf die Personen, die zurückgeblieben sind.

Trauernde Kinder sind oftmals sensibel gegenüber kränkenden Bemerkungen, welche ihrer Trauer die Würde nehmen. Sie reagieren dann wie Menschen, denen das Leben alles schuldet, aber nichts gewährt. Wie sensibel und verständnisvoll wir sie auch immer behandeln mögen, wie großzügig wir ihre Wünsche erfüllen – wenn wir einmal »Nein« sagen, dann explodieren sie: »Niemals kriege ich, was ich brauche!«, »Niemals darf ich machen, was ich so gern täte!«. Sie scheinen unfähig zu sein, das wahrzunehmen, was ihnen wohl tut. Alles, was sie sehen, bezieht sich auf das, was ihnen fehlt und was ihnen schadet. Der Verdacht gerät bei ihnen zur fixen Idee, dass sie übers Ohr gehauen oder mit ungemäßen Aufgaben belastet würden. Es gerät für sie zum Streitpunkt, dass sie die genau gleiche Anzahl von Süßigkeiten bekommen wie die Kinder neben ihnen, dass sie nicht mehr Geschirr abwaschen müssen als alle anderen, dass sie kein einziges Unterhemd mehr zu waschen brauchen als der Rest der Familie.

Wut kann durch unerwartete Anlässe ausgelöst werden, manchmal lediglich durch die Beobachtung, dass andere Spaß haben. Jugendliche, die mit ihrer Trauerarbeit befasst sind, mögen gesellige Treffen mit anderen Kindern meiden und Situationen und Orte umgehen, an denen die Leute Spaß haben und sich vergnügen. Die Wut kann sich aber auch auf die Vorsehung und »den lieben Gott« richten. Es gibt trauernde Kinder, die ihre Zuflucht in religiösen Vorstellungen finden, andere jedoch werden durch ihr Schicksal in ihrem ursprünglichen Glauben zutiefst erschüttert. Sie weigern sich, weiter an den früher selbstverständlichen Gottesdiensten teilzunehmen, sie stellen kritische Fragen an die Lehren ihrer Religion und äußern ihren Zweifel an der Sinnhaftigkeit der Mitgliedschaft in religiösen Vereinigungen.

Vermeidungen

Kati, 8 Jahre alt, hatte seit dem Tod ihrer Mutter vor zwei Jahren mit ihrem Vater allein gelebt. Kürzlich hatte sich ihr Vater wieder verheiratet. Plötzlich vermeidet Kati den Aufenthalt und das Spielen in der Wohnung ihres Vaters, wo immer es geht. Sie spielt im Freien, auf der Straße, in der Nachbarschaft. Ihr Vater findet es schrecklich, wenn seine neue Frau erzählt, dass eine Nachbarin Kati beobachtet hat, als sie ihre Notdurft unter einem Strauch neben dem Wohnhaus verrichtet hat. Was in aller Welt ist in dieses Kind gefahren? Es gibt eine Art und Weise, wie Kinder sich davor schützen, mit Sachen und Situationen in Berührung zu kommen, die ihnen Ungemach bringen oder sie in Konflikte stürzen könnten. Sie gehen ihnen aus dem Wege. Kati mag niemals gezwungen worden sein, ihre neue Mutter zu akzeptieren oder sogar zu lieben. Aber sie ist alt genug, um zu wissen, dass es dem Vater gefallen würde, wenn sie es täte. Da sie es aber nicht will, minimiert sie die Zeit, die sie allein mit der neuen Mutter in der alten Wohnung zubringt. Sie vermeidet es, das Badezimmer zu benutzen, weil dies bedeuten würde, dass sie an die neue Situation erinnert wird, wenn sie die Kosmetikartikel und den Pyjama der neuen Mutter sieht. Deshalb verrichtet sie ihr Pipi außerhalb des väterlichen Badezimmers.

Solche Formen des Vermeidens können Kindern helfen, die den Eindruck haben, sie müssten einen Teil ihrer rebellischen Gefühle unterdrücken oder zumindest tarnen. Wenn Kati die Möglichkeit haben würde, über ihre gemischten Gefühle zu sprechen, die sich darauf beziehen, eine Mutter verloren und eine andere noch nicht wirklich gewonnen zu haben, ist es zumindest denkbar, dass sie ihr Toiletten-Verhalten ändern würde. Vielleicht wäre es für sie hilfreich, wenn sie die Möglichkeit hätte, ihre Probleme in einer Gruppe mit anderen Kindern zu besprechen, die ähnliche Probleme mit einer neuen Familie haben wie sie.

Das Vermeiden als Form einer aktiven Handlung tritt schon bei sehr jungen Kindern auf. Tiffany, die mit drei Jahren adoptiert worden war, schrie regelmäßig, wehrte sich und versuchte auszureißen, wenn ihre Adoptiveltern versuchten, sie zur Mitfahrt in ihrem blauen Wagen zu bewegen. Sie war zu jung, um die mit dieser Aufforderung verbundene Furcht zu artikulieren. Hätte sie es tun können, hätte sie gesagt, dass sie auf dem Wege von ihrer Pflegefamilie zu ihren neuen Adoptiveltern mit dem blauen Dienstwagen einer Mitarbeiterin aus dem Jugendamt gebracht worden war. Diese Erfahrung hat in ihr die Vorstellung verfestigt, ein blauer PKW würde sie aus einer freundlichen Familiensituation in eine unbekannte Zukunft transportieren.

Das Lesen übrigens versorgt Kinder mit einer Möglichkeit des Rückzugs, der Ausflucht und des Vermeidens und der Belebung feindseliger Gefühle. Bücher und die in ihnen enthaltenen Geschichten erlauben es Kindern, sich wenigstens zeitweilig von den schwierigen Wirklichkeiten und Anpassungsforderungen in ihrem jungen Leben zu distanzieren. Kinder mögen schon zum Frühstück in ihrem Lieblingsbuche lesen und dabei den Rest der frühstückenden Familie ausschließen. Sie lesen, wenn man sie in ein Auto setzt, und schaffen dadurch eine Distanz gegenüber allem, was mit ihnen im Auto und nach Ankunft des Autos geschehen soll. Sie lesen, wenn sie eigentlich Hausarbeiten machen müssten oder wenn es Zeit wäre, zur Schule zu gehen oder zu Bett. Es ist manchmal schwierig, die positive Aufmerksamkeit eines solchen lesenden Kindes zu gewinnen. Manchmal hilft es, physischen Kontakt herzustellen, die Schulter zu berühren, den Namen des Kindes auszusprechen. Und manchmal wird es notwendig sein, auf sanfte Weise das Buch zu entfernen oder das Fernsehgerät auszuschalten oder die Spielkonsole. Wir Erwachsenen müssen uns dann mit der Bitte des Kindes auseinander setzen: »Nur noch diese Seite« oder »Nur noch bis zum Ende dieses Programms«. Aber wir müssen dann darauf dringen, dass das Kind am Ende der Seite wirklich das Buch zuklappt und das Programm ausschaltet, ehe ein neues Kapitel oder ein neues Programm ihre attraktiven Kräfte entfalten.

Traurigkeit

Traurigkeit ist jene Reaktion, die der Erwachsene meist von trauernden Kindern erwartet, und ist gleichzeitig eine Reaktion, mit der umzugehen wir uns für kompetent halten. Gleichzeitig aber müssen wir in Kauf nehmen, dass die Traurigkeit eines Kindes auch uns Erwachsenen Schmerzen bereitet, weil sie ähnliche Gefühle hervorruft und unser Bedürfnis aktiviert, das Kind zu beschützen. Die Erwachsenen sollten deshalb Sorge tragen, Kinder nicht nur ihre eigene Traurigkeit zu gestatten, sondern auch gleichzeitig den Versuch unterlassen, die trauernden Kinder durch dauernde Versuche der Ablenkung und der Erheiterung auf andere Gedanken zu bringen. Kinder, die traurig sind, mögen sich an Erwachsene wenden, um getröstet zu werden, oder sie mögen den Wunsch haben, allein gelassen zu werden. Wenn ein Kind sich in einen eigenen Trauerraum zurückzieht oder eine eigene Trauerzeit braucht, tun wir Erwachsenen gut daran, zu begreifen, dass dies Teil des Heilungsprozesses ist und nicht von uns unterbrochen oder gestört werden sollte.

Desorganisation

Kirsten scheint ihren Ärger gegenüber dem Umzug der Familie in eine neue Stadt überwunden zu haben. Sie beklagt sich immer weniger darüber, welche wichtigen Spielkameraden sie zurückgelassen hat, und der Ausdruck von Irritation und Ärger wird seltener. »Sie ist dabei, es zu packen«, sagt ihre Mutter mit einem Seufzer der Erleichterung. Dann aber berufen die Lehrer von Kirsten eine Elternkonferenz ein. Kirsten war früher eine gute Schülerin. Jetzt ist sie deutlich zurückgefallen. Es scheint ihr schwer zu fallen, sich zu konzentrieren und bei der Arbeit zu bleiben. Sie scheint ihre Hausaufgaben nicht zu Ende zu bringen und stattdessen in Tagträumen zu versinken. Was ist passiert?

Es gibt eine Phase der Desorganisation, in der es ganz normal für ursprünglich kompetente Kinder ist, ihre Fähigkeit zu verlieren, sich zu konzentrieren und bei der Sache zu bleiben. Offensichtlich sind es die vorrangige Beschäftigung mit einem Trennungserlebnis, einer Verlusterfahrung oder mit Ähnlichem und die damit verbundenen Zustände von Trauer, die es Menschen schwer machen, sich zu konzentrieren, ihr Denken zu organisieren und ihre Arbeitsabläufe zu planen. Trauer kann auch die Ursache dafür sein, dass wir Probleme haben, uns zu erinnern und Fakten und Geschehnisse zu merken. Trauerarbeit ist eine außerordentlich anspruchsvolle Arbeit. Sie verbraucht eine Menge Energie und lässt uns wenig übrig für andere Aufgaben unseres Alltagslebens. Viele Heranwachsende und Erwachsene, die ähnlich wie Kinder wichtige Vertrauenspersonen in ihrem Leben verloren haben, erinnern sich überhaupt nicht oder nur bruchstückweise an Geschehnisse, die nach dem Verlust in ihrem Leben stattgefunden haben. Sie blenden gewissermaßen ein oder zwei Jahre ihres Lebens aus. Schulkinder erinnern sich vielleicht an die Namen der Lehrer, die sie hatten, als sie ihren Verlust bewältigt oder mindestens verwunden hatten. Aber sie erinnern sich nicht mehr an die Namen der Lehrer, die sie während ihrer Trauerarbeit unterrichteten. Auch im Hinblick auf ihre schulischen Leistungen und ihre körperliche Entwicklung fallen sie auf ihren Zustand vor dem Verlust zurück. Erwachsene geben es häufig auf, noch regelmäßig die Tageszeitungen zu lesen oder die Nachrichten im Radio einzuschalten. Sie finden es zu schwierig, das zu verfolgen, was draußen geschieht. Und es ist auch zu weit weg. Alltägliche Entscheidungen scheinen ihnen außerordentliche Schwierigkeiten zu machen – was sie anziehen sollen oder was sie beim Einkaufen nicht vergessen dürfen. Eine neue Aufgabe erfolgreich und ohne Fehler zu beenden stößt auf extreme Schwierigkeiten. Ja selbst die Organisation des Alltags erscheint als eine monumentale Herausforderung.

Erwachsene sind in einer solchen Phase der Desorganisation ihres Alltaglebens häufig ungeduldig mit sich selbst. Die kognitiven Veränderungen alarmieren sie. Sie bewirken, dass diese Unfähigkeiten lange andauern oder gar chronisch werden. Andere Erwachsene geben sich selber einigen Spielraum beim Umgang mit diesen Erscheinungen. Sie versuchen schwierige Situation zu umgehen, indem sie Entscheidungen aufschieben und Aufgaben delegieren, denen sie im Augenblick nicht gewachsen sind. Kinder haben solche Möglichkeiten nicht. Aufgaben, die sie haben, müssen sie selber machen – und müssen sie sofort erledigen. Wenn ihnen Banknachbarn im Schulunterricht helfen, setzen sie sich sogar dem Verdacht aus, unerlaubte Hilfsmittel zu benutzen. Solche Lernschwierigkeiten, die mit der Trauerarbeit auftauchen, können mittelfristig eine schulische Leistungsschwäche bewirken, die sich bei der Versetzung in die nächste Klasse auswirken kann. Sie sehen, wie sich ihre Zensuren verschlechtern und wie ihre Lehrer durch einen Leistungsabfall irritiert sind. Sie fühlen, dass sie nicht mehr für die kompetenten Schüler gehalten werden, die sie einmal waren. Ihre verminderte Selbstachtung und die damit verbundenen Frustrationen verschlimmern die Auswirkungen des ursprünglichen Verlustes.

Lehrer gestatten Kindern in der Regel für eine gewisse Zeit einen gewissen Freiraum und warten, bis sie sich »wieder gefangen haben«. Häufig aber unterschätzen sie die Dauer der Phase dieser Desorganisation ihrer Schüler. Weil diese Phase ihnen zu lang erscheint und weil auch einzelne Symptome gehen und kommen und wieder verschwinden, um dann wieder zurückzukehren, erwarten Lehrer oder andere, die mit dem Kind zu tun haben, dass sich die Kinder in einer unrealistisch kurzen Zeit wieder fangen. Die Wissenslücken, die sie haben, zeigen sich häufig nicht im laufenden Schuljahr, sondern erst im nächsten. Dort werden sie von neuen Lehrern entdeckt, die keine Informationen über die Lerngeschichte der betreffenden Schüler haben. Die neuen Lehrer haben das Gefühl, dass die Schwierigkeiten des betreffenden Schülers das Ergebnis von mangelnder Selbstdisziplin, mangelnder Konzentration oder Ergebnis schlichter Faulheit sind. Amerikanische Untersuchungen haben gezeigt, dass nahezu jeder der untersuchten und von schweren persönlichen Verlusten getroffenen Schüler einen deutlichen Rückgang seiner schulischen Leistungen zeigte – dazu eine deutlich wahrnehmbare Passivität und eine Isolierung in seiner Schulklasse. Durch massive Unterstützung von Elternhaus und Familie gelang es allerdings einem Drittel der Untersuchungsgruppe, sich bis zum Ende des ersten Jahres von ihrer Leistungsschwäche zu erholen.

Es gibt eine Reihe von Techniken, wie man sich selber in die Lage versetzen kann, bei wahrgenommener Konzentrationsschwäche dem Unterricht und der Lernarbeit wieder Aufmerksamkeit zuzuwenden. Einige Kinder tragen ein breites Gummiband um das Handgelenk, mit dem sie schnipsen, wenn sie ihre nachlassende Aufmerksamkeit wahrnehmen. Andere Kinder machen mit sich und einem Erwachsenen aus ihrer Familie einen Vertrag, nach dem sie jeweils 15 Minuten konzentriert arbeiten und sich dann eine Pause von 5 Minuten erlauben, in der sie sich entspannen, die Zimmerpflanzen gießen oder eine Besorgung machen. Um ein Gefühl für die Zeit zu bekommen, benutzen sie einen Küchenwecker. Im Laufe der Zeit können sie die Zeitspanne der Konzentration jeweils um ein paar Minuten verlängern.

In der Desorganisationsphase geht häufig auch die Fähigkeit verloren, aufmerksam zuzuhören und sich Aufgaben und Aufträge zu merken, die man im Laufe des Tages erledigen soll. Es ist in einer solchen Situation häufig sehr nützlich, die zu erledigenden Aufgaben auf einem schwarzen Brett an der Wand aufzuschreiben, um sie mit großer Freude ausstreichen zu können, wenn man sie erledigt hat. Es kann auch nützlich sein, komplexe Aufgaben in einzelne Teilschritte zu zerlegen und sie auf diese Weise überschaubarer zu machen und ein besseres Gefühl für den schrittweisen Erfolg zu bekommen.

Häufig ist ein regelmäßig wiederholtes Beratungsgespräch mit einem Beratungslehrer, einem Erzieher oder einem Therapeuten zu feststehenden Zeiten hilfreich. Hier können Schüler über ihre Schwierigkeiten sprechen – aber nicht nur über ihre Schwierigkeiten, sondern auch über die schrittweisen Erfolge, die sie bei der Wiedergewinnung ihrer Organisationsfähigkeit haben. Auf diese Weise kann die Schule ebenso wie die Familie eine unterstützende Rolle bei der Wiedergewinnung der Handlungsfähigkeit trauernder Schüler gewinnen. In Ganztagsschulen kann jeweils nach dem Mittagessen ein fünf Minuten dauerndes Kurzgespräch mit einem Beratungslehrer eingeführt werden, das dem Schüler das Gefühl gibt, als Person mit allen Fähigkeiten und Schwierigkeiten wahrgenommen zu werden. Lehrer argumentieren häufig mit ihrer Überlastung während des Schulalltags gegen solche individualisierenden Vorschläge. Aber die Erfahrung zeigt, dass die Kosten-Nutzen-Analyse eines solchen Verfahrens ausgesprochen positiv ist. Es kostet eben nicht nur Arbeitszeit, sondern spart auch eine Reihe von fruchtlosen Lehrerkonferenzen, in denen der Versuch gemacht wird, die offensichtlich zurückgebliebenen Schüler zu disziplinieren oder auf andere Weise zu »fördern«. Im Übrigen sind solche Beratungstermine mit einzelnen Schülern nicht nur eine humane Variante der Lehr-Lern-Arbeit, sondern sie wirken sich auch positiv auf die Zufriedenheit aller Beteiligten aus.

Verzweiflung

Verzweiflung ist wahrscheinlich die schwierigste Ausdrucksform des Verlustes einer geliebten Person. Kinder, die verzweifeln, sprechen häufig langsam und bewegen sich zeitlupenhaft, sie reagieren pessimistisch auf den Alltag, den sie leer und öde erleben, sie zeigen kaum Energie oder Motivationen. Sie haben kein Interesse, etwas Gutes zu essen, sich gepflegt anzuziehen und gemeinsam mit Altersgenossen Sachen zu machen. Solche Kinder wirken hilflos und hoffnungslos: Es scheint, als ob das Schlimmste, was ihnen passieren könnte, bereits passiert ist. Das Leben ist anscheinend ohne Sinn. Warum sollte ich aufstehen? Warum sollte ich zu Bett gehen? Warum sollte ich zu Abend essen? Warum sollte ich mich um irgendetwas kümmern?

Schon das morgendliche Aufstehen, das für viele Kinder ein Problem darstellt, ist eine besondere Herausforderung. Kinder mit Verzweiflungszuständen haben besondere Schwierigkeiten, die warme Sicherheit ihres Bettes zu verlassen und dem kalten Alltag mit seinen vielen kaum zu bewältigenden Problemen entgegenzutreten. Psychologen raten, bei dem Weckritual alle lauten, drängenden und harschen Nebentöne und Maßnahmen zu vermeiden. Der Morgen sollte eine Zeit ruhiger und langsamer Aktivität mit einer bekannten und zuverlässigen Routine sein. Dabei sollten wir auf den persönlichen Stil der Kinder achten und von ihnen keine Dinge verlangen, die für sie zusätzliche Schwierigkeiten darstellen.

Manchmal können Nahrungsmittel eine Hilfe sein, um verzweifelte Kinder zu trösten. Sicherlich gibt es solche Kinder, denen das Interesse am Essen abhanden gekommen ist. Andere essen und essen und essen, so als ob sie ihre innere Leere dadurch überwinden wollten. Wenn Kinder Nahrungsmittel mit auf ihr Zimmer nehmen oder nachts ruhelos durch die Wohnung laufen und im Kühlschrank nach Essbarem suchen, dann sollten wir ihnen dies nicht verbieten, sondern Nahrungsmittel bereitstellen, die für sie nützlich und verträglich sind: frisches Obst, ungekochtes Gemüse, Fruchtsäfte und ungezuckerte Erfrischungsgetränke. Bei Kindern, die zu viel essen, kann es hilfreich sein, wenn sie angeregt werden, selber für die Familie zu kochen. Es gibt allerdings Formen von Verzweiflung, die nicht mit »Hausmitteln« und »aus der Hausapotheke« zu behandeln sind. Hier ist es notwendig, die Hilfe von Profis in Anspruch zu nehmen. Dabei ist es sowohl für Erwachsene als Laien als auch für Profis von Bedeutung, sich immer wieder vor Augen zu halten, dass sie durch ihre beschützende Präsenz und ihre Bereitschaft, kindliche Gefühle zu verstehen und zu teilen, zwar helfen können den Genesungsprozess des trauernden Kindes zu unterstützen, dass sie aber nicht in der Lage sind, die Gefühle von Verlassenheit, Isolierung und Verzweiflung zu überspielen. Diese Gefühle sind Teil der Trauerarbeit mit dem Ziel, den erlittenen Verlust als Teil der eigenen Lebensgeschichte zu akzeptieren und zu integrieren.

Integration von Verlust und Trauer

Jerome scheint heute in einem wesentlich besseren Zustand zu sein als noch vor einigen Monaten. Nur noch selten explodiert er bei minimalen Anlässen, er ist nicht mehr leicht zu irritieren, sein Interesse an unterschiedlichen Gegenständen und Handlungen hat wieder zugenommen und sein Pep im Umgang mit Gleichaltrigen ist zurückgekehrt. Es scheint nicht so zu sein, dass er den erlittenen Verlust verdrängt, sondern es scheint, als ob er ihn verarbeitet hätte. Und der Klassenlehrer in seiner 5. Klasse berichtet von deutlichen Verbesserungen in Aufmerksamkeit, Selbstkontrolle und schulischer Leistung. Jerome scheint sich heute besser zu verstehen, als das früher der Fall war – und er hat auch mehr Verständnis für andere. Er denkt nicht mehr automatisch schlecht über seine eigenen Fähigkeiten oder über die Hilfsbereitschaft von anderen. Nach 20 Monaten hat er sich offensichtlich so weitgehend selbst organisiert, dass er ein eigenes Leben ohne den verstorbenen Vater leben kann.

Ein solches Urteil ist für Kinder zutreffend, die das Glück hatten, sich selber zu reorganisieren und ihr künftiges Leben zu gestalten. Sie haben das Schlimmste hinter sich und sind nun wieder in der Lage, zu leben, zu wachsen und zu reifen. Die Realität ihres Verlustes wird Teil ihrer Person, aber sie behindert nicht mehr ihren Blick in die Zukunft und auf ihr Selbstbewusstsein. Das Leben wird wieder lebenswert und andere Menschen haben ein freundliches Gesicht. Der Blick richtet sich auf die Gegenwart und auf die Zukunft und tastet nicht mehr allein die schmerzliche Vergangenheit ab. Es ist dies die Fähigkeit, nicht nur mit einer Sache fertig zu werden, das wäre zu wenig, sondern sich den kommenden Herausforderungen gewachsen zu zeigen. Sicherlich gibt es in diesem positiven Prozess auch Rückschläge. Aber Erwachsene, die Jerome begleiten und beobachten, sind sich einig, dass er sich positiv in Richtung auf die eigene Zukunft bewegt. Er wird dabei immer den Verlust im Bewusstsein halten, den er erlitten hat, aber dieser Verlust allein prägt nicht mehr seine Sichtweise auf die Zukunft. Jerome ist wieder autonomer geworden. Er zeigt eine wiedergewonnene Fähigkeit, sich Menschen zu nähern, alte Verbindungen wieder aufzunehmen und neue Kontakte zu knüpfen. Dabei erinnert er sich gut, wer ihm in seiner Trauer- und Krisenphase geholfen hat und wer nicht. Das alles bedeutet eine bemerkenswerte Beschleunigung seiner körperlichen, sozialen und emotionalen Entwicklung. Jerome ist dabei übrigens auch einige Zentimeter gewachsen.

Häufig führt ein solcher Integrationsprozess Kinder dazu, ein neues Verständnis vom Leben, vom Schöpfer und von der eigenen Verantwortung zu gewinnen. Sie mögen dabei regelmäßig ihre Schritte zu dem Grab ihrer Mutter lenken oder gerade dies zu vermeiden suchen. Sie mögen Erinnerungsgegenstände sorgsam hüten oder sie durch Fundstücke neuer Erfahrungen ersetzen.

Auf jeden Fall werden sie ein Bewusstsein davon entwickeln, dass sie eine Krise überlebt haben und einer Herausforderung gewachsen gewesen sind, die ihnen eine neue Sichtweise auf ihr Leben eröffnet hat.

4. Wie man Kindern bei Trauer, Wut und Aggressionen helfen kann

Die ersten sechs bis acht Monate nach dem Verlust einer geliebten Person sind Kinder in den persönlichen Stil ihrer Trauerarbeit eingetaucht. Für den Rest dieses ersten Jahres zeigen sie häufig vorausschaubaren Reaktionen, die ich im 3. Kapitel beschrieben habe. Mit Ablauf dieses ersten Jahres machen sie gemeinhin Fortschritte in ihrem Trauerprozess: Sie zeigen weniger Angst und Sorge, Wut und Trauer, unangemessene destruktive Ausbrüche – dabei kann es mit ihrer Fähigkeit, sich zu konzentrieren und sich zu organisieren, noch immer schlecht bestellt sein.

Dieser Prozess geschieht gleichsam »naturwüchsig«, wenn er von uns Erwachsenen nicht willentlich oder unwillentlich behindert wird. Es gibt jedoch Kinder, die eine zusätzliche Hilfe benötigen, um auf positive Weise mit ihrem Verlust und mit der Trauer über ihren Verlust umzugehen. Einige Kinder erscheinen weiterhin wütend oder depressiv – oder sie unterdrücken anscheinend ihre Gefühle. Sie scheinen unfähig zu sein, Fortschritte in ihrem »Gesundungsprozess« zu machen, weil sie anscheinend das Gefühl haben, sie wären als Hinterbliebene unloyal, wenn sie die Trauer aufgeben und wieder ein glückliches Gesicht zeigen. Häufig haben sie dauerhafte Schwierigkeiten, sich auf andere Menschen einzulassen oder sich selber weiterzuentwickeln, oder sie verharren in einer ungesunden Konzentration auf körperliche Schmerzen und Gebrechen. Sie haben weiterhin Angst vor auch nur vorübergehenden Trennungen von ihren Bezugspersonen, sie erscheinen auf eine hilflose Weise unzufrieden und geben schnell auf, sie missachten sich selbst und ihre eigenen Gefühle, sie bleiben weit unter ihrem eigenen

Anspruchsniveau oder benehmen sich destruktiv gegen die eigene Person oder gegen andere.

Susanne verlor vor einiger Zeit ihren Ehemann. In der ersten Zeit danach lebte sie mit ihren beiden Kindern bei ihren Eltern. Jetzt teilt sie eine kleine Wohnung mit ihrem Freund Jürgen. Sie hat das Gefühl, dass sie am Ende eine neue Beziehung gefunden hat, die gut für sie und für ihre Kinder ist. Aber sie macht sich Sorgen um ihren 5-jährigen Sohn Peter, der sich beständig weigert, die Sachen zu machen, um die er gebeten wird. Dauernd macht er Ausflüchte und beklagt sich. Eine Beratung mit seinem Klassenlehrer zeigt, dass dieses Verhalten auch in der Schule auftritt. Der Lehrer sagt, wenn Peter sich nicht deutlich am Riemen reißen würde, dann müsse er die Klasse wiederholen. Susanne ist entgeistert und fragt sich, was sie falsch gemacht hat und was sie nun tun soll.

Eltern, die darauf dringen wollen, dass ihre Kinder den gemeinsam erlittenen Verlust akzeptieren, fühlen sich häufig in einer Weise betroffen, als hätten sie selber den Verlust verursacht. Für die trauernden Kinder scheint es jedoch nur das Ungeschehenmachen des Verlustes zu sein, was ihnen wirkliche Erleichterung bringen könnte. Alle Bemühungen, die nicht zu diesem Ergebnis führen, scheinen nutzlos und produzieren Ausbrüche von Wut und Schuldzuweisungen. In solch einer Situation mögen wir Erwachsenen versucht sein, uns gegen ausgesprochene oder unausgesprochene Anschuldigungen unserer Kinder zu verteidigen – aber dies ist nicht die Zeit, es mit Argumenten oder Handlungen zu versuchen. Hingegen müssen wir uns ernsthaft bemühen zu verstehen, warum wir eine Zielscheibe für den Ärger und die Wut unserer Kinder geworden sind. Das wird umso leichter sein, je besser und realistischer wir die Länge des gesamten Gesundungsprozesses unserer Kinder einschätzen und je besser wir unsere eigene Geduld darauf abstellen. Die Wahrheit ist, dass ein Verlust ebenso traumatisierend sein kann wie ein schmerzhafter körperlicher Angriff. Es ist nicht leichter, sich von einem solchen Verlust zu erholen, als es wäre, die Amputation eines Armes zu verwinden, eine plötzliche Erblindung oder die Paralyse nach einer Verletzung des Rückgrates.

Die Verarbeitung von Trauer nach einem solchen Verlust braucht eine lange Zeit. Die Zeit kann länger werden, wenn wir versuchen den Verlust zu reparieren, indem wir den Trauerprozess abkürzen. Wenn wir als Erwachsene den Eindruck gewinnen, dass unsere eigenen Gefühle für unsere trauernden Kinder schwierig werden, und wir die Fähigkeit zu verlieren scheinen, eine hilfreiche Beziehung aufrechtzuerhalten, dann ist es an der Zeit, dass wir uns nach Beratung durch Dritte umsehen. Um auf produktive Weise mit trauernden Kindern leben und umgehen zu können, müssen wir selber bereit und in der Lage sein, das, was in uns vorgeht, was uns kränkt, verletzt und verwirrt und wie wir selber den Verlust verarbeiten, im Gespräch mit Dritten zu thematisieren. Für diese Reflexionsarbeit brauchen wir Gesprächspartner, die daran gewöhnt sind, Gespräche über solche komplizierten Fragen nicht als zu tiefenwirksam und zu schreckerregend zu fürchten, und die sich deshalb auf solche Gespräche einlassen.

Der Beginn eines Beratungsprozesses

Jeder, der sich professionell mit den Problemen trauernder Kinder beschäftigt, tut gut daran, möglichst viele Informationen von den Eltern oder Sorgeberechtigten des betreffenden Kindes einzuholen und die Zusammenarbeit mit ihnen sicherzustellen. Dabei ist es ein häufiger Fehler helfender Erwachsener – ganz gleich, ob Laien oder Profis –, zu glauben, dass die Gefühle der betreffenden Kinder ein Geheimnis wären und als Geheimnis behandelt werden müssten. Auf diese Weise können die helfenden Erwachsenen nicht voneinander lernen und ihre jeweils eigenen Strategien im Hilfeprozess nicht aufeinander abstimmen. Es ist deshalb von vornherein sinnvoll und notwendig, von Anfang an nicht nur die Mitarbeit von Eltern und Sorgeberechtigten anzusprechen und sicherzustellen, sondern auch den Austausch mit anderen Personen, die mit der Wohlfahrt des Kindes oder der gesamten Familie befasst sind. Eine Ausnahme sind Fälle, in denen sich Eltern im Rahmen ihrer Scheidung streiten oder über das Sorgerecht auseinander setzen. Das Erstgespräch mit einem Kind sollte mit diesem allein stattfinden. Dort sollte aber auch geklärt werden, ob und in welchem Turnus andere betroffene Erwachsene am Gespräch teilnehmen sollten.

Der als Berater fungierende Dritte ist eine nichtwertende und nichturteilende Reflexionsinstanz: Er oder sie gibt Feedback und stellt die Beziehung zwischen unterschiedlichen Themen, Gedanken und Gefühlen, die auf den ersten Blick nichts miteinander zu tun haben, her. Er stellt Fragen und lenkt die Aufmerksamkeit von Eltern und Sorgeberechtigten auf bestimmte Gegenstände, Handlungen und Situationen, die sowohl für die Einschätzung dieser Gegenstände als auch als Material für künftige Strategien von Bedeutung sein können. Der Berater wird auch Fragen ansprechen, die ihm bei der Beobachtung von Interaktionen zwischen Kindern und Erwachsenen (auch zwischen dem Kind und ihm) gekommen sind. Ein solcher Prozess soll Gefühle wechselseitigen Respekts, wechselseitigen Verstehens und wechselseitigen Eingehens aller Beteiligten befördern. Er soll auf jeden Fall verhindern, dass das Kind in die Lage versetzt wird, Sorgeberechtigte und Berater gegeneinander auszuspielen, weil das den Beratungsprozess unterminieren würde.

Häufig ist es sinnvoll, die Beratungsarbeit durch ein Treffen mit dem Elternteil, den Eltern oder anderen Sorgeberechtigten zu beginnen, um die Geschichte des Problems zu verstehen, die unterschiedlichen Sichtweisen auf das Problem in Erfahrung zu bringen und etwas über die Selbsteinschätzung der betroffenen Erwachsenen zum Problem und über ihre Sichtweise des Problems zu erfahren. Auf der Basis dieser Informationen und nach zulässigen konkreten Rückfragen durch den Berater sollte gemeinsam ein Beratungsvertrag formuliert werden, der Ziele, Vorgehensweisen und Dauer des gemeinsamen Prozesses festhält. Der Inhalt dieses Beratungsprozesses sollte auch in einer folgenden Sitzung dem betroffenen Kind mitgeteilt werden.

»Kira, ich hab letzte Woche mit deinem Vater gesprochen. Er hat mir gesagt, dass er unsicher ist, wie er sich dir gegenüber in ein paar Fragen und bei ein paar Problemen verhalten soll. Ich werde in den nächsten Wochen darüber mit ihm, mit dir und mit euch beiden gemeinsam reden. Das wird jedes Mal ungefähr eine Dreiviertelstunde dauern und soll euch beiden helfen, in Zukunft gut und hilfreich miteinander auszukommen.«

Einige Kinder haben Erfahrungen mit professionellen Beratern gemacht, die immer dann auftauchten, wenn es darum ging, die Unterbringung bei Tagesmüttern, Pflegefamilien und in anderen familienersetzenden Einrichtungen neu zu regeln. Wenn dies der Fall gewesen ist, so sollte von vornherein sichergestellt werden, dass es sich hier um einen Beratungsprozess handelt, der die Beziehungen der miteinander lebenden Personen befestigen und verbessern soll, nicht aber um die Vorbereitung eines Wechsels im Erziehungsort.

Vom Erstgespräch bis zu jenem Gespräch, das den Beratungsprozess beenden wird, sollte Klarheit darüber bestehen und vermittelt werden, dass Partner im Beratungsprozess die ganze Familie ist und nicht ein einzelnes Familienmitglied oder ein einzelner Betroffener. Deshalb sind die Sichtweise und Handlungsweise jedes einzelnen Familienmitglieds von gleich bleibender Bedeutung. Sie können und dürfen nicht gegeneinander ausgespielt werden. Jeder Versuch, bei kontroversen Themen die Sichtweise eines einzelnen Konfliktpartners gegen alle anderen auszuspielen und ihnen aufzudrängen, wäre falsch, ist zu unterlassen und soll entmutigt werden.

Regeln bei Gesprächen über Gefühle

Jeder Berater, der mit einem Kind arbeitet, das bestimmte Gefühle, die es hat, verleugnet oder unterdrückt, hat die Verantwortung, zu untersuchen und zu erfahren, welche Rolle die Eltern oder andere wichtige Dritte bei der Verleugnung oder Unterdrückung dieser Gefühle spielen. Familien haben oftmals unausgesprochene Regeln, nach denen bestimmte Gefühle unerwünscht oder gefährlich sind. Solche Regeln erschweren es unseren kindlichen Gesprächspartnern, über solche Gefühle zu sprechen. Es gibt Gesprächstherapeuten, die empfehlen, im eigenen Gesprächsverhalten des Beraters die Gesprächsregeln und die Gesprächstradition der betreffenden Familie zu beachten: Wenn in der Familie erst dann über Gefühle, also auch über Trauergefühle, gesprochen werden darf, wenn die Eltern selber fähig sind, ihre eigenen Trauergefühle offen zu legen, wird es notwendig sein, zuerst mit den Eltern zu sprechen und ihre Fähigkeit zur Artikulierung ihrer emotionalen Situation sicherzustellen.

Sicher, es geht im Beratungsprozess um die Unterstützung der Trauerarbeit eines Kindes. Aber wenn die für das Kind Sorge tragenden Erwachsenen selber Schwierigkeiten haben, die eigene Trauer zu bewältigen und neue Rollen und Verantwortlichkeiten einzuüben, haben sie häufig besondere Schwierigkeiten, mit den starken Gefühlen und den mit diesen Gefühlen verbundenen Verhaltensweisen ihrer Kinder umzugehen und fertig zu werden. Die Bearbeitung kindlichen Schmerzes kann die Selbstvorwürfe von Erwachsenen verstärken, vor allem wenn sie sich unfähig gezeigt haben, ihr Kind zu beschützen, oder wenn sie direkt oder indirekt Verantwortung für den Verlust der geliebten Person zu tragen meinen. Wenn dies zu Verhärtungen im Verhalten und im Reden von Erwachsenen führt, haben Kinder häufig Schwierigkeiten, ihre eigene Trauer zu zeigen, weil sie fürchten, dass dies zu negativen Reaktionen der Erwachsenen führen wird. Und selbst wenn Kinder darüber sprechen, kann dies unter Umständen eine angelernte Art sein, die als Schutz aufgebauten Oberflächlichkeiten der Erwachsenen zu imitieren.

Um mit einem Kind und dessen Familie produktiv arbeiten zu können, müssen Berater Familienregeln kennen und respektvoll mit ihnen umgehen. Dieses Thema sollte offen angesprochen werden: »Wenn ich ein Kind in Ihrer Familie wäre, wie könnte ich ausdrücken, dass mich etwas ärgert, dass mich etwas aufregt, dass mich etwas einschüchtert?« Ein solches Gespräch sollte als Gespräch mit der ganzen Familie stattfinden. Dabei ist es nützlich, wenn der Berater nicht nur die verbalen, sondern auch die nichtverbalen Reaktionen der Betroffenen registriert. Er könnte dann beispielsweise beiläufig bemerken: »Tina, ich hab gesehen, wie du deine Mutter angesehen hast, als du über deinen Ärger gesprochen hast. Ich denke mir, dass du wissen wolltest, ob deine Mutter es O.K. findet, wenn du ärgerlich bist. Könnte das so sein oder bin ich auf einem Irrweg?« Oder: »Ich glaube bemerkt zu haben, dass David Sie angesehen hat, Frau Sattler, als wir über Angst und Schrecken sprachen. Es könnte sein, dass er wissen möchte, wie Sie über ihn denken, wenn er diese Gefühle hat und äußert. Könnten Sie ihm sagen, was Sie davon halten?«

Ein anderes Gespräch, das helfen könnte, Regeln für weitere Gespräche im Familienkreis über den Ausdruck starker Gefühle festzulegen, könnte folgendermaßen verlaufen:

»Frau Jensen: Peter und ich haben über unterschiedliche Gefühle gesprochen, die ein Junge wie er manchmal hat oder haben kann. Ich weiß, dass wir alle Dinge haben, die uns ärgern oder sogar wütend machen. Ich möchte gern wissen, wie in Ihrer Familie über solche Gefühle gesprochen wird. Erinnern Sie sich daran, wie Peter sich verhält, wenn er sich in die Ecke gedrängt fühlt?« Die Mutter antwortet. Der Berater: »Sie sagen, dass er zu weinen anfängt und in sein Zimmer läuft. Vielen Dank, das hilft mir.« Der Berater wendet sich zu Peter: »Was weißt du von deiner Mutter? Was macht sie, wenn sie sich in die Ecke gedrängt fühlt?« Peter antwortet. Der Berater, jetzt zur

Mutter gewendet: »Ist das so, Frau Jensen, fühlen Sie sich manchmal ins Unrecht gesetzt und werden Sie darüber ärgerlich? Und was machen Sie dann?«

Ein solcher Dialog könnte dem Berater einen Eindruck über Familienregeln im Umgang mit Gefühlen vermitteln. Er könnte aber auch die Regel einführen, dass es rechtens ist, wenn einzelne Familienmitglieder andere Familienmitglieder im Hinblick auf ihre Äußerungen von Ärger und Wut beobachten und registrieren. Ein solches Gespräch könnte dem Berater helfen, die Kommunikationsstruktur innerhalb der Familie kennen zu lernen, zu erforschen, wer die Regeln aufstellt und wer für ihre Einhaltung Verantwortung übernimmt. Gleichzeitig aber auch, ob und warum das Kind Schwierigkeiten hat, eigene Gefühle offen zu legen, wenn es den Eindruck hat, dass die Eltern sich angegriffen fühlen und dies verhindern wollen. Es klingt so einfach, aber es ist häufig notwendig, dass wir Familien helfen müssen, ihre Gefühle füreinander und gegeneinander ungehindert zu äußern, und dass jedes Familienmitglied auf seine oder ihre eigene Weise Trauer zeigen kann, authentisch und ohne gezwungen zu werden, die gleichen Gefühle zu zeigen wie andere Familienmitglieder. Selbst in Familien, die gewöhnlich emotional aufgeladene Gespräche vermeiden, kann ein solches Gespräch Verständnis anbahnen und von daher langfristig zur seelischen Gesundheit in der Familie beitragen. Familien, die sich gegen ein solches Gesprächsthema wenden, könnten ermutigt werden, in einer bestimmten Zeit und an einem bestimmten Ort unter Anleitung mit diesem schwierigen Gesprächsthema zu experimentieren.

Gespräche mit Kindern

Wenn wir mit Kindern und ihren Familien arbeiten, die sich in einer Krise befinden, ist es wichtig, dass wir so bald wie möglich auf dieses Krisenthema zu sprechen kommen. Bei Gesprächen mit Kindern verwenden viele Berater wertvolle Zeit damit, zu warten, bis ein Kind das zentrale Problem anspricht. Es ist unvernünftig, zu vermuten, dass Kinder, die niemals über ihr zentrales Problem sprechen, von Gefühlen der Trauer unberührt sind oder sie von selbst auf eine heilsame Weise bearbeiten können. Selbst Kinder, die körperlich bedroht und angegriffen werden, haben Schwierigkeiten, Dritte um Unterstützung zu bitten, wenn sie seelisch leiden. Dafür gibt es eine Reihe von Gründen.

Kinder (ebenso wie Erwachsene) haben oftmals große Schwierigkeiten, ihre Gefühle in Worte zu kleiden, weil ihnen die kommunikative Praxis fehlt, um zu wissen, wo und wie sie beginnen sollen. Manchmal fürchten sie, dass sie sich in neue Schwierigkeiten bringen, wenn sie offen über Ängste und Befürchtungen sprechen, die auf vergangene Erfahrungen gründen. Schulkinder mit einem Bewusstsein von den Schwierigkeiten, in denen sich ihre Eltern befinden, zögern mit dem Ausdruck eigener Gefühle von Sorge und Angst, weil sie die Eltern nicht noch zusätzlich belasten wollen. Von einem 8 Jahre alten Jungen wird berichtet, dass es den Anschein hatte, als würde er den Tod seiner nahezu gleichaltrigen Schwester auf die leichte Schulter nehmen. Darauf angesprochen sagte er, dass er unter diesem Tod außerordentlich leide, dass ihm aber beim Begräbnis seiner Schwester gesagt worden sei, nun sei er verantwortlich dafür, das Los seiner Eltern zu erleichtern und sie in der schrecklichen Zeit der Trauer aufzuheitern.

Gefühlsäußerungen richtig verstehen lernen

Kinder sollen lernen – das ist ein allgemeiner Grundsatz, den ich allen Eltern und Sorgeberechtigten ans Herz legen möchte –, ihren Gefühlen direkten verbalen Ausdruck zu geben. Das gilt nicht nur für die Monate unmittelbar nach dem Verlust einer geliebten Person, sondern immerfort und immer wieder. Gefühle ausdrücken zu können, Gefühle nach einiger Zeit von neuem betrachten zu lernen und Gefühle über eine längere Zeit immer wieder aufs Neue ansprechen zu können ist eine der wichtigsten Komponenten eines jeden Heilungsprozesses – und nicht nur dort. Kinder, die dies niemals gelernt und geübt haben, helfen sich häufig, indem sie ihre Gefühle auf eine gegensätzliche, verquere Weise ausdrücken.

Während eines Erstgesprächs fragt eine Beraterin beispielsweise eine Mutter: »Erzählen Sie mir bitte mehr über Tamara. Sie hat mir schon gesagt, dass sie sehr schnell wütend wird. Was für Dinge sind es denn, die sie wütend machen?« Die Mutter listet eine Reihe von Anlässe auf. »O.K., das scheint Sinn zu machen. Vielleicht können Sie mir jetzt noch sagen, welche Dinge Tamara traurig machen?« »Es ist komisch«, antwortet die Mutter nachdenklich. »Ich kann mich wirklich nicht erinnern. Natürlich spielt sie manchmal verrückt, besonders gegenüber ihrer kleinen Schwester, aber wirklich traurig ... selbst wenn ich sie einmal schlage, reagiert sie eigentlich nicht.« Die Beraterin fragt nach: »Hat sie eigentlich jemals darüber gesprochen, traurig zu sein?« »Nein. Selbst wenn ich den Eindruck habe, dass ihre Gefühle verletzt worden sind, oder wenn sie wirklich enttäuscht worden ist, schüttelt sie die Sachen von sich ab und sagt: ›Das kratzt mich nicht.‹ Meinen Sie, ein solches Verhalten könnte ein Problem sein?«

Wenn Tamara wirkliche Probleme mit ihrem Leben hat, dann könnte dieses Verhalten in der Tat Beachtung verdienen. Tamaras Mutter und die Beraterin wären gut beraten, wenn sie ein Auge darauf haben würden, ob Tamara tatsächlich über die übliche Spannweite von Gefühlen verfügt – also auch über die Fähigkeit, traurig zu sein.

Mike hingegen, er ist 6 Jahre alt, hat vor einiger Zeit eine wichtige Veränderung in seiner Familie erlebt. Seine neue Mutter beklagt sich darüber, »dass ihm nichts recht zu machen sei. Er beklagt sich über alles und jedes: Er schreit, weil ihn ein fehlender Hosenknopf aus der Fassung gebracht hat oder lose Schnürsenkel. Er schreit über eingebildete Kränkungen. Er schreit, wenn er nicht direkt am Fenster des Autos sitzen darf oder wenn er an der Reihe ist, den Tisch zum Abendessen zu decken. »Man könnte denken, er sei ein eingerosteter, alter Mann geworden«, sagt seine Mutter mit einer hilflosen Gebärde. Es gibt immerhin die Möglichkeit, dass Mike einer inneren Regel folgt, die lautet: »Sei nicht wütend.« Wenn aber nun das Gefühl von Wut in ihm aufsteigt, könnte er dieses Gefühl in ein anderes, erlaubtes Gefühl verwandeln, nämlich das der Trauer über eine zugefügte Kränkung. Einige der Tränen, die er dann vergießt, könnten Tränen wirklicher Trauer sein, andere hingegen wären Tränen der Wut. Andere Kinder, alarmiert durch die Verletzlichkeit, in die Trauer sie gegenüber ihrer Umwelt versetzt, könnten diese Trauer in Wut verwandeln, in Ärger, Feindseligkeit, Zorn oder in die Haltung, sich ständig zu beklagen. Es gibt auch Kinder, die benehmen sich so, dass eine notwendige Strafe auf dem Fuße folgt, die ihnen Anlass zu Tränen und neuen Wutausbrüchen liefert. Solche Verwandlungen unerwünschter Gefühle sind für manche Kinder (und übrigens auch für viele Erwachsene) gleichsam normale Reaktionsweisen. Aber sie werden zu Problemen für Erwachsene, die sich eigentlich entschlossen haben, ihren Kindern bei der Trauerarbeit zu helfen, denen es aber zunehmend schwer fällt, mit dem dauernden Klagen, Beschuldigen und Weinen dieser Kinder umzugehen. In solchen Fällen kommt erschwerend hinzu, dass die umgewandelten Gefühle keine Wirkung auf die ursprünglichen Gefühle haben und auf diese auch nicht entlastend wirken. Kinder, die dieser Strategie folgen, zahlen einen Preis, agieren ihre negativen Stimmungen aus, aber erleben weder eine Entspannung noch eine Entlastung und irritieren zusätzlich jene, die entschlossen waren, ihnen hilfreich zur Seite zu stehen. Entspannend kann es wirken, wenn wir den Kindern die ihnen unbewusste Umwandlung ihrer Gefühle erklären. Sie erkennen dann häufig schnell, dass Wut beispielsweise ein »zweites Gefühl« ist: Zunächst einmal fühlt man sich im eigentlichen Wortsinn »niedergeschlagen«, dann verwandelt man diese Niedergeschlagenheit in Wut. Ziel sollte es sein, dass Kinder zu ihren eigentlichen Gefühlen zurückkehren und diese ausdrücken, statt sie in der Verkleidung eines anderen Gefühles schwer bearbeitbar zu machen.

Kinder, die sich entschieden haben, ihre ursprünglichen Gefühle zu verbergen oder zu unterdrücken, sind oftmals der Meinung, dass ein bestimmtes Gefühl zu haben »schlecht« sei. Sie unterdrücken beispielsweise ihren Kummer, bis sie glauben alt genug zu sein, um ernst genommen zu werden. Erst wenn sie sich sicher fühlen, dass sie verstanden werden und Unterstützung erhalten, zeigen sie ihre Erinnerungen, ihren Schmerz und ihren Groll. Für sie wäre es eine große Entlastung, wenn man ihnen vermitteln könnte, dass Gefühle nun einmal Gefühle sind, weder gut noch schlecht.

Berater und andere Helfer sollten nicht vorschnell aus der Leidensgeschichte eines Kindes allein ableiten, dass es Schwierigkeiten habe, Gefühle auszudrücken, zu thematisieren und zu verbalisieren. Sie sollten vielmehr darauf achten, mit welchem dauerhaften Widerstand Kinder auf unsere Versuche reagieren, sich selber angemessen auszudrücken. Wir sollten auch verstehen, dass Bereiche ihres Gefühlslebens, die ihnen über lange Zeit verschlossen worden sind, nicht ohne weiteres und freiwillig geöffnet werden können. Es könnte sein, dass eine solche Öffnung und Offenheit starke innere Regeln verletzt, welche die Kinder sich gegeben haben, um zu überleben.

Fünf Gefühle abfragen

Wenn Kinder Schwierigkeiten haben oder zeigen, über ihre Gefühle zu sprechen, gibt es eine Reihe von vergleichsweise einfachen Techniken, sie dazu zu ermutigen. Ein Weg ist das Spiel »Fünf Gefühle in einer Hand«.

Wir beginnen das Spiel, indem wir sagen: »Es gibt fünf wichtige Gefühle, die Kinder ebenso wie wir Erwachsenen haben. Es sind die fünf Gefühle in meiner Hand.« Wir heben jetzt eine Hand und halten die Finger geschlossen. Bei der Nennung eines jeden Gefühls strecken wir einen Finger aus: »Die Gefühle sind Trauer, Wut, Glück, Angst, Einsamkeit. Lass uns versuchen, herauszufinden, welche deiner Gefühle in einer bestimmten Situation auftauchen. Stell dir vor, du würdest nicht mehr mit deinem Vater zusammenleben können. Bis du dann traurig?« Der Daumen wird ausgestreckt. Das Kind schüttelt den Kopf. »O.K. Kein Gefühl der Trauer. Wie ist es mit Zorn oder Wut?« Der Zeigefinger wird ausgestreckt. Das Kind schüttelt den Kopf. »O.K. Kein Gefühl der Wut. Machen wir weiter.« Auf diese Weise arbeiten wir die Liste der fünf wichtigen Gefühle ab, unterstützen diese Arbeit mit unserer Hand und formulieren die Reaktion der Kinder oder wiederholen ihre eigenen Worte. Es ist dabei wichtig, kindliche Antworten weder zu suggerieren noch vorwegzunehmen. Unter Umständen sollten wir nachfragen, um Reaktionen abzuklären: »Ich bin jetzt unsicher. Dein Mund hat Nein gesagt, aber dein Kopf hat genickt. Bitte, hilf mir zu verstehen, was du sagen wolltest.« Dieses Spiel soll helfen, auf eine respektvolle Weise die Gefühle eines Kindes zu ergründen. Das kann nur gut gehen, wenn die Beraterin wirkliches Interesse an den Antworten zeigt und das Ganze nicht als Routineveranstaltung so schnell wie möglich hinter sich bringt. Es ist auch wichtig, die auf diese Weise erhaltenen Informationen niemals später gegen das Kind zu benutzen oder dem Kinde vorzuhalten. Als Erwachsene sollten wir auch unsere eigenen Gefühle anlässlich der vorgegebenen Situationen zurückhalten, um die Reaktion der Kinder nicht zu beeinflussen.

Fünf Gesichter

Eine andere Technik, um die Gefühlslandschaft von Kindern zu eruieren ist das Gespräch anhand von fünf Gesichtern, die im Laufe des Gespräches entwickelt und aufgemalt werden. Die Beraterin könnte beginnen: »Ich möchte heute mit dir über Gefühle sprechen. Wir Erwachsenen haben Gefühle. Ihr Kinder habt Gefühle, ich habe Gefühle. Man sagt, es wären mindestens fünf. Hast du eine Ahnung, welche Gefühle dabei eine Rolle spielen?« Ein kindlicher Gesprächspartner könnte antworten, er wisse es nicht, aber »Glücklichsein« könnte dazugehören.

Beraterin: »Sicher, Glücklichsein ist auf jeden Fall dabei. Ich schreibe es unten auf diese Karte und wir wollen versuchen, dazu ein entsprechendes Gesicht zu zeichnen. Willst du das machen oder soll ich das tun?« Der kindliche Gesprächspartner schiebt diese Aufgabe der Beraterin zu.

Beraterin: »O.K. Welche Farbe soll ich dafür nehmen?« Der kindliche Gesprächspartner weiß es nicht genau, aber er schlägt für das Glück eine helle, freundliche Farbe vor – etwa Blau.

Beraterin: »Blau? Das klingt gut. O.K., ich zeichne jetzt ein glückliches Gesicht.«

Auf diese Weise werden auch die anderen Gefühle »Trauer«, »Zorn«, »Furcht«, »Einsamkeit« herausgefunden und mit einem entsprechenden Gesicht versehen.

Trauer   Zorn   Glück   Furcht   Einsamkeit

Wenn bei diesem Spiel Unsicherheit entsteht, wie das Gesicht aussehen sollte, das zu dem gerade besprochenen Gefühl gehören könnte, so kann die Beraterin ihren Gesprächspartner bitten, ein entsprechendes Gesicht zu machen. Sie könnte dann den Versuch machen, dieses Gesicht in eine abstrahierte Form zu bringen. Dabei kann übrigens auch die Spur der Transformation von Gefühlen weiterverfolgt werden, die ich in diesem Kapitel angesprochen habe. Es gibt in der Tat Gefühle, die als Maske für andere, darunter liegende Gefühle verwendet werden. Es ist für ein Kind beispielsweise nicht ungewöhnlich, das Gefühl der Einsamkeit mit Worten wie »Das nervt mich«, »Das langweilt mich« oder »Da ist eine schreckliche Leere« zu beschreiben. Selbst wenn Kinder als Gesprächspartner dieses Spiel eher beobachten als bestimmen, wird die Ernsthaftigkeit des Sprechens über Gefühle ihre Wirkung nicht verfehlen. Dabei muss nicht immer direkt auf die Gefühle des Gesprächspartners eingegangen werden. Man kann auch den Umweg wählen über Feststellungen wie: »Es gibt eine Menge Leute, die drücken ihre Trauer durch Tränen aus.« Dabei kann man dem traurigen Gesicht Tränen hinzufügen. »Siehst du manchmal auch so aus?« »Und kannst du dich an eine Situation erinnern, als du so geweint hast?«

Es kann bei diesem Gespräch die Notwendigkeit auftreten, zusätzliche Gefühle zu den von mir genannten fünf Basis-Gefühlen hinzuzufügen. Wenn man die fünf (oder mehr) Gefühle jeweils auf einer Karte gezeichnet und in Worten beschrieben hat, kann man dieses Kartenspiel zu jeder folgenden Sitzung benutzen und damit jede folgende Beratungssituation mit dem Kind beginnen. Die Beraterin und ihr Gesprächspartner sollen immer wieder daran erinnert werden, dass das Innewerden von Gefühlen nicht nur im Fall der Trauerarbeit nach dem Verlust einer geliebten Person von Bedeutung ist, sondern dass es Teil der Selbstbeobachtung und Selbstbetrachtung von Menschen im Verlaufe ihres alltäglichen Lebensprozesses sein könnte. Es bietet die Chance, dass wir uns besser kennen lernen und dass wir auch Verständnis für andere gewinnen, die uns bisher unverständlich waren. Die Technik der fünf Gefühle in einer Hand und der fünf Gesichter kann sowohl von den Eltern und ihren Kindern verwendet werden als auch von Beratern im

Beratungsprozess. Es ist nicht ungewöhnlich, dass Kinder in solchen Gesprächen zunächst zögernd, erschrocken oder fremdbestimmt reagieren, wenn sie über ihre eigenen Gefühle reden sollen. Sie entspannen sich dann deutlich, wenn sie die Möglichkeit erhalten, sich ohne Scheu und zeitliche Begrenzung auszudrücken und dabei mehr und mehr die Gewissheit gewinnen, dass der erwachsene Zuhörer ihnen Zeit gibt, aufmerksam zuhört und das, was sie sagen, ohne eigene Bewertung entgegennimmt und möglicherweise in den eigenen Worten der Kinder wiederholt. Ich selbst versuche in solchen Beratungsgesprächen immer wieder, meinen kindlichen Gesprächspartnern zu vermitteln, dass ich wirklich an ihren Gefühlen interessiert bin, ohne sie bewerten zu wollen. Ich beendige solche Sitzungen häufig, indem ich als Hausarbeit anrege, dass die Kinder notieren, welche Gefühle sie in welchen Situationen in der folgenden Woche gehabt haben. Dann beginnen wir die nächste Sitzung, indem wir auf die fünf Gesichter schauen und abfragen, in welchen Situationen es glückliche Gefühle, furchtsame Gefühle oder Gefühle der Einsamkeit gegeben hat. Ich benutze dabei sowohl vorgefertigte Karten mit den stilisierten Gesichtern als auch leere Karten, auf die ich im Gespräch Entwürfe fixieren lasse. Kinder können selbstverständlich auch Karten hinzufügen und dabei Gefühle beschreiben, die bisher nicht benannt worden sind.

Bei einer solchen Arbeit ist es immer notwendig, sich daran zu erinnern, dass Kinder wie auch Erwachsene oftmals besser in der Lage sind, Gefühle nichtverbal zu zeigen, als verbal über sie zu reden. Wenn Sie also fragen: »Hast du manchmal traurige Gefühle?«, dann beobachten Sie die Körpersignale (das Nicken, das Kopfschütteln, das Heben der Schulter, das Verdrehen der Augen) ebenso sorgfältig wie die Worte, die gesprochen werden. Um sicherzugehen, ob Sie diese Körpersignale angemessen interpretieren, spiegeln Sie bitte Ihre eigene Interpretation als Frage zurück: »Als ich dich gefragt habe, ob dich das wütend gemacht habe, hast du mit deinen Schultern diese Bewegung gemacht (wiederholt die Bewegung). Sollte das heißen, dass du es nicht mehr weißt, oder bedeutet es etwas anderes?«

Geschichten erzählen

Wenn Kinder Schwierigkeiten haben, über ihre eigenen Gefühle zu sprechen oder sie zu zeigen, kann man auch bekannte oder unbekannte Geschichten benutzen, die man »anerzählt«, um die Gesprächspartner zu bitten, sie weiterzuerzählen, sofern sie sich von ihnen angesprochen und betroffen fühlen. Diese Technik, die den projektiven Fragen innerhalb der Meinungsforschung entlehnt ist, hat den Vorteil, dass Kinder sich frei im Rahmen eines vorgegebenen Problemhorizontes äußern können. Sie hat den Nachteil, dass wir hinterher nicht wissen, inwieweit der Gesprächsfaden, den unsere Gesprächspartner weitergesponnen haben, ein Produkt der freien Phantasie ist oder ob er eine reale Beziehung zu dem Trauerfall und der Trauerarbeit hat, mit dem unsere Gesprächspartner gerade befasst sind. Schon deshalb ist die Interpretation solcher fortgeführter Geschichten nicht nur schwierig, sondern für ungeübte und ungelernte gesprächstherapeutisch arbeitende Erwachsene wenig ratsam.

Profis auf diesem Gebiete können im Laufe ihrer längeren Praxis eine Reihe von Geschichtenanfängen sammeln, die sie für bestimmte Problemlagen ihrer kindlichen Klienten als quasi diagnostische Versuchsanordnungen benutzen können. Für längere Beratungsprozesse ist es sogar denkbar, dass jede Beratungssitzung mit einem solchen Geschichtsanfang begonnen oder beendet wird und die Gesprächspartner ermutigt werden, die Geschichte weiterzuspinnen. Die Art und Weise, wie Gesprächspartner auf die unterschiedlichen Geschichten und ihre unterschiedlichen Gefühlstönungen reagieren, könnte im Vergleich zu weiterführenden Fragestellungen ermutigen. Ein solches Vorgehen führt allerdings über die Zielsetzung hinaus, die in diesem Buch als Anregungen für Eltern, andere Sorgeberechtigte und Beraterinnen und Berater verfolgt wird.

Der Umgang mit kindlicher Wut

Wenn die Trauer über einen erlittenen Verlust von wichtigen Menschen in Zorn und Wut umschlägt, geraten Kinder manchmal in Schwierigkeiten. Einmal haben sie gelernt, dass es für Kinder unschicklich sei, wütend zu sein bzw. ihre Wut offen zu zeigen. Manchmal fühlen sie sich selber angesichts der eigenen Wut »außer sich« und transformieren ihren Zorn in andere Gefühle oder bestreiten ihn, verdecken ihn und stecken ihn weg. Dabei können sie sich selber die Schuld zuweisen, können sich auf unbarmherzige Weise bestrafen und sich davon überzeugen, dass sie ihr eigenes Unglück verdienen. Dann wenden sie ihre Aggressivität gegen sich selbst und fügen sich körperliche Schmerzen zu. Manchmal können sie die Intensität ihrer Wut nicht unter Kontrolle bringen. Damit ängstigen sie die Menschen in ihrer Umgebung und bewirken Vergeltungsmaßnahmen und soziale Zurückweisung. In solchen Fällen kann es eine wichtige Aufgabe sein, Kindern zu helfen, ihre Gefühle von Zorn und Wut auf angemessene Weise zu äußern und gleichzeitig den unangemessenen, weil Gefahr bringenden Ausdruck dieser Gefühle zu entmutigen.

Dabei könnte es helfen, wenn wir uns vergegenwärtigen würden, dass die Wut einen Energieschub in drei verschiedenen Zonen des Körpers freisetzen kann: unserem Mund, unseren Armen und Händen, unseren Beinen und Füßen. Wenn wir die Kinder sorgfältig beobachten, die wütend sind, oder wenn wir zuhören, wenn sie darüber sprechen, was passiert, wenn sie wütend sind, dann mögen wir erkennen, dass die dabei frei werdende emotionale Energie sich in einer bestimmten Körperzone entlädt: Sie knirschen mit den Zähnen, sie beißen oder spucken, sie schreien und beleidigen Umstehende; sie ballen die Faust, sie kneifen oder ziehen an den Haaren, sie weinen oder stoßen; vielleicht schwingen sie auch beim Sitzen ihre Füßen nach hinten und dann wieder nach vorn, vielleicht springen sie auf und rennen weg, vielleicht stampfen sie auf den Boden, teilen Fußtritte aus oder stellen ein Bein.

Wenn man dies Kindern erklärt, sind wir von der Wirkung oft fasziniert. Plötzlich macht ihr reaktives Verhalten einen Sinn. Plötzlich sind sie in der Lage, die Zone ihres eigenen Ärgers zu identifizieren. Man kann Kindern auch helfen herauszufinden, welche Energiezone ihnen die meiste Entlastung bringt. Wenn mehr als eine Zone an der Reaktion beteiligt ist, hilft es manchmal, das Kind zu fragen: »Wenn du dich also mit Susi streitest und sie beschimpfst und sie schlägst – wenn du nur eines von beiden tun könntest, was würdest du dann wählen?«

Nach meinen Erfahrungen kann man Kindern am besten helfen, ihre Wut zu zeigen, indem man die von ihnen bevorzugte Energiezone respektiert und mit ihnen zusammen nach zugelassenen Ausdrucksformen ihrer Gefühle in dieser Zone sucht. Es geht also in diesem ersten Schritt der Arbeit am Ausdruck körperlicher Wut bei Kindern nicht darum, auf der kognitiven Ebene die Einsicht zu vermitteln, dass diese Wut unbegründet, ja vielleicht sogar Schaden stiftend sei. Sondern es geht darum, neue, »gebremstere« Formen dieser Wut in den Körperzonen zu suchen, auf die Kinder bisher schon am häufigsten zurückgegriffen haben.

Eric erscheint als ein eher passiver Junge mit niedrigem Energiepotenzial. Er hat keine Beziehung zu seinen Gefühlen und hat überhaupt nur ein sehr vages Selbstbewusstsein und eine unterentwickelte Wahrnehmung seiner Umgebung. Es scheint so, als wären seine Probleme mit Gefühlen von Hoffnungslosigkeit, Hilflosigkeit und unausdrückbarer Wut verbunden. Erics Berater arbeitet zunächst einmal darauf hin, zu helfen, Anlässe für Erics Gefühle zu identifizieren und nach unschädlichen Formen zu suchen, sie körperlich auszudrücken. Er arbeitet dabei mit schmalen Pappkartons im DIN-A4- oder DIN-A5-Format, die benutzt worden sind, um einen Stapel Schriftstücke mit der Post zu versenden.

Berater: Eric, was macht dich eigentlich so wütend?
Eric: Ich weiß es nicht.
Berater: Es gibt Kinder, die erzählen mir, dass sie vor allem dann wütend werden, wenn sie merken, dass sie nicht fair behandelt werden. Wie ist das bei dir?
Eric: Ich denke, das ist so.
Berater: Ich habe ein Spiel, das ich manchmal mit Jungen spiele, denen es ähnlich geht wie dir. Ich habe hier ein paar leere Kartons. Jeder Karton steht für eine Sache, von der du denkst, sie sei nicht fair, und die dich wütend macht. Lass uns mal sehen, was dir einfällt. Also: Es ist nicht fair ...
Eric: ... wenn ich in der Pause nicht auf den Schulhof darf!
Berater: (nimmt einen Karton und wirft ihn zu Boden) Ich muss in der Pause im Klassenzimmer bleiben. (Er nimmt einen zweiten Karton in die Hand.) Und es ist nicht fair, wenn ...
Eric: ... wenn ich für eine Sache bestraft werde, die ich überhaupt nicht getan habe!
Berater: (wirft den Karton geräuschvoll auf den ersten Karton) Und ...
Eric: (lauter) Es ist nicht fair, wenn Mutter Bernd besser behandelt als mich!
Berater: Und ...
Eric: Es ist nicht fair, dass ich immer den Abwasch machen muss! Es ist nicht fair, dass ich niemals das Fernsehprogramm sehen darf, das ich mir ausgesucht habe!

Es liegen jetzt vier oder fünf dieser Kartons übereinander gestapelt auf dem Boden.
Nun sagt der Berater: Jetzt machen wir ein verrücktes Spiel. Wir nehmen all die Sachen, mit denen du unfair behandelt

wirst und geben ihnen einen Fußtritt. So, als würden wir einen Elfmeter schießen.

Das erste Mal schießt der Berater den Elfmeter, er kann aber auch die Aktivität an Eric übergeben. Dann türmen sie die Kartons wieder aufeinander und spielen das Spiel noch einmal. Ein solches Spiel verfolgt zwei Absichten. Einmal soll es helfen, einige der Situationen zu identifizieren, die einem Kind Ärger bereiten oder es wütend machen. Zum anderen soll eine Form des körperlichen »Ausagierens« von Wut trainiert werden, die ungefährlich ist, die aber zunächst in der geschützten Atmosphäre einer Beratungssitzung praktiziert werden kann.

Dieses Beispiel steht für viele Möglichkeiten. Als Beispiel mag es uninteressant, vielleicht sogar banal wirken. Aber in jeweils konkreten Situationen werden findige Berater durchaus in der Lage sein, die beiden Prinzipien, die ich eben genannt habe, auf andere Gegenstände, auf andere Spielsituationen und auf andere Spielregeln zu übertragen. Wichtig bei solchen Dingen ist eine schnelle und verständnisvolle Information der Eltern oder der anderen Sorgeberechtigten über den Inhalt des Spiels und seinen Sinn. Eine solche Information ist notwendig, damit den Kindern ein Freiraum verschafft wird, ein solches Spiel auch zu Hause zu spielen. Und damit Erwachsene lernen, dass körperliche Ausbrüche von Wut nicht ohne weiteres durch verbale Vorhaltungen aus der Welt geschafft werden können.

Kinder, die sich auf Fußtritte spezialisiert haben, könnten auf leere Pappkartons »umorientiert« werden. Kinder, die mit einem Gegenstand schlagen oder werfen, könnten Schaumstoffgegenstände benutzen oder auch Baseballschläger aus Schaumstoff, wie sie in Slapstick-Komödien benutzt werden. Kinder, die beißen und dabei außerordentliche Kräfte entwickeln, könnten es mit einem Gummiknochen versuchen, so wie er für Hunde angeschafft und benutzt wird.

Unvorbereiteten Erwachsenen mögen solche Ratschläge kurios, gefährlich, vielleicht sogar zynisch erscheinen. Sie wären es, wenn der Umorientierungsprozess bei ihnen stehen bleiben würde. Sie sind aber nur ein erster Schritt. In einem zweiten Schritt wird es darum gehen, zwischen der Auslösung der Wut und der körperlichen Reaktion auf diese Wut eine Auszeit zu vereinbaren und zu trainieren, in der das Kind lernt, sich selber körperlich zu neutralisieren. Indem es sich beispielsweise auf den bekannten »freien Stuhl« setzt, beide Hände ineinander legt oder beide Arme umfasst oder ein Bein über das andere schlägt und mit der rechten Hand das Kinn stützt, um sich selber für eine bestimmte Zeit (man kann vereinbaren, bis 60 zu zählen oder bis 120) aus dem Verkehr zu ziehen. Danach, so wird vereinbart, steht man wieder auf, schüttelt Arme und Beine, blickt in die Runde und sagt: »Ich bin wieder O.K.!«

Beratungsverläufe wie diese mögen die Kraft und die Kompetenz nicht nur von Eltern und anderen Sorgeberechtigten, sondern auch von manchen Beratern überschreiten. Sie sollten deshalb nur dort und nur von denen angewandt werden, welche über die entsprechende professionelle Ausbildung und Vorbildung verfügen. Aber für alle, die mit Kindern arbeiten, die sich in schwierigen Lebenssituationen befinden und deshalb Schwierigkeiten haben und zeigen, sollte mit diesen Beispielen verdeutlicht werden, dass es bei dieser Arbeit vor allem darum geht:

- herauszufinden, wer und was diese Schwierigkeiten im konkreten Einzelfall verursacht haben könnte
- wie ein Kind die Wut ausdrückt, welche durch die Schwierigkeiten direkt oder indirekt hervorgerufen worden ist
- wie Erwachsene diese Reaktionsweisen zur Kenntnis nehmen können, ohne sie zu verurteilen oder durch verbale Interventionen zum Verschwinden bringen zu wollen;
- andere körperliche Formen des Ausdrucks von Zorn und Wut zu suchen und zu trainieren, welche die Vorstufe für eine mögliche Kontrolle der körperlichen Reaktionen darstellen können;
- eine Auszeit zu vereinbaren, in der ein Übergang zwischen dem Auslöser und der bisher der Kontrolle nicht zugäng-

lichen körperlichen Reaktion des Kindes geschaffen werden kann.

Bei der Suche nach Ersatzhandlungen für unkontrollierte körperliche Aggressionen als Reaktion von Zorn und Wut muss immer bedacht werden, dass letztendlich eine Brücke zwischen dem körperlichen Verhalten, einer verbalen Reaktion und schließlich der intellektuellen Reflexion über die Gesamtsituation hergestellt werden soll. Jeder dieser Schritte ist ein Schritt auf dem Wege zu einem Ziel. Das Ziel aus dem Auge zu verlieren wäre schädlich. Es gibt eine Grenze, die in der Arbeit mit aggressiven Kindern nicht überschritten werden sollte. Menschen dürfen nicht angegriffen und verletzt werden. Man mag ein Kissen boxen oder mit der Faust auf den Tisch schlagen. Aber sich selber oder andere zu verletzen ist tabu. Diese nicht zu überschreitende Grenze lässt genügend Freiraum, um die Gefühle eines Kindes anzuerkennen, um zugelassene Formen des Ausdrucks dieser Gefühle zu erlauben, um gemeinsam nach mehr als einer möglichen Reaktionsweise zu suchen und dabei nicht auf erwachsenenzentrierte und von ihnen gebilligte Verhaltensweisen beschränkt zu bleiben.

Passiv-aggressives Verhalten

Es gibt Kinder, die verbergen ihre Wut und wenden sie in ein aggressives Nicht-Tun. Sie reagieren »passiv-aggressiv« und »passiv-resistent«. Sie wagen die offene Aggression nicht, vielleicht weil sie Sanktionen ihrer Umwelt fürchten. Aber sie ziehen sich nicht richtig an, dauernd verlieren sie Sachen, sie bewegen sich sehr langsam, sie erwarten, dass Erwachsene sich endlose Geschichten ohne Bedeutung anhören, und zwingen sie, einen großen Teil ihrer Zeit damit zuzubringen, diese Kinder zu korrigieren, zu überwachen und zu ermahnen. Bettelheim hat in seinem Buch »Liebe allein genügt nicht« über solche Fälle berichtet. Passiv-aggressive Kinder können eingespielte alltägliche Routinen einfach vergessen. Sie verlieren das Gefühl für die Zeit, geben sich Tagträumen hin, zerbrechen Sachen oder verletzen sich durch angebliche Zufälle selbst oder andere. Und häufig tun sie das so lange, bis die Erwachsenen die Geduld verlieren und entscheiden, die meisten Sachen selber in die Hand zu nehmen.

Es sind vor allem vier Gründe, die bei passiv-aggressivem Verhalten eine Rolle spielen: (1) um Wut abzulassen; (2) um bestraft zu werden und damit internalisierte Gefühle von Schuld loszuwerden; (3) um sich für erfahrene Missachtung zu rächen; (4) um eine Art von Kontrolle über die Situation wiederzugewinnen.

Es wäre falsch, auf solche indirekten Ausdrucksweisen von Wut mit Strafen oder Drohungen zu antworten. Es wäre vernünftiger, Kindern zu helfen, ihre Wut direkt loszuwerden. Ein paar Möglichkeiten dazu habe ich in diesem Kapitel genannt. Eine andere sinnvolle Technik ist die von Rudolf Dreikurs entwickelte Form wechselseitiger Problemlösung.

Ein Kind trifft sich mit einem erwachsenen Helfer mit oder ohne die moderierende Tätigkeit eines Dritten. Zunächst müssen sie sich auf ein gemeinsames Problem einigen und zugeben, dass dieses Problem tatsächlich ein Problem ist. Beispielsweise die allabendlichen Kämpfe um die Zeit des Zubettgehens. Dann müssen sie sich entscheiden, ob sie gemeinsam dieses Problem überlisten können. *Diese* Sichtweise macht das *Problem* zum Gegner und verbindet Kind und Erwachsenen zu einem gemeinsamen Team. Im einem dritten Schritt könnte der Erwachsene vorschlagen, das Problem an die gesamte Familie zurückzugeben und sie zu veranlassen, vier oder fünf Vorschläge zu machen, um die Schwierigkeit aus der Welt zu schaffen. Im nächsten Schritt könnten sich Familienmitglieder zusammensetzen und im Brainstorming Alternativen finden. Kinder weigern sich manchmal, an Gruppenlösungen teilzunehmen, in denen sie formell gleichberechtigt sind, weil sie sich dennoch hilflos fühlen. Sie sollten dann davon überzeugt werden, dass sie eine Chance vergeben, über sich selber mitzubestimmen. Brainstorming-Verfahren bedeuten, dass jede Idee deutlich sichtbar aufgeschrieben wird und dass es keine negativen Kommentare zu den gemachten Vorschlägen geben darf. Wenn die Phantasie für neue Ideen erschöpft ist, werden die Vorschläge der Reihe nach diskutiert. Wenn auch nur ein Mitglied der Gruppe einer vorgeschlagenen Lösung widerspricht, wird der Vorschlag ohne Diskussion von der Liste gestrichen. Dies erzeugt ein Gefühl gemeinsamen Interesses an einer für alle akzeptablen Lösung und erlaubt es sowohl den Kindern wie den Erwachsenen, neue Lösungen zu finden, die im bisherigen Machtkampf keine Chance hatten. Wird ein Vorschlag akzeptiert, wird aber gleichzeitig bezweifelt, dass er sich durchsetzen lässt, so erhält er ein großes Fragezeichen, bleibt aber in der Liste. Bei diesem Verfahren bleiben in der Regel ein oder zwei Vorschläge als akzeptabel und realisierbar übrig. Es kommt vor, dass in diesem Brainstorming-Verfahren keine für alle akzeptable Lösung gefunden wird. Dann ist es vernünftig, zu sagen: »Es scheint so, als wenn dieses Problem cleverer ist, als wir es heute waren. Ich denke, wir sollten uns eine Woche Zeit geben und danach noch einmal den Versuch machen, das Problem bei den Hörnern zu packen.« Wenn sich die Familie entschieden hat, einen Lösungsvorschlag zu realisieren, gibt es eine Abstimmung, um wirklich jedes Familienmitglied auf die Ernsthaftigkeit der Durchführung festzulegen. Dabei wird die Dauer einer Versuchsphase festgelegt, an deren Ende ein endgültiger Beschluss gefasst werden soll. Ist dieser Beschluss negativ verlaufen, beginnt der Prozess des Brainstormings von neuem.

Diese Technik funktioniert erstaunlich gut. Was mit einem Vorwurf und einer Klage begonnen hat, endet meist in einer gemeinsamen Handlung, an der alle mit Überzeugung und Energie beteiligt sind.

Über das Zeigen von Trauer

Seit einiger Zeit sind sich Forscher zunehmend einig, dass Weinen äußerer Ausdruck eines inneren Prozesses ist, so wie Schwitzen. Und es gibt chemische Befunde, die zeigen, dass Tränen in der Tat Körperspannung reduzieren. Aber weil Kinder häufig Traurigkeit und Weinen mit Schmerzen, Verwundungen und der Angst verbinden, die entsteht, wenn sie sich verirrt haben, unterdrücken sie Gefühle der Trauer, um sich vor inneren Gefühlen von Schwäche zu schützen. Sie scheinen zu denken, weil Tränen Schmerz bedeuten, könnten sie den Schmerz kontrollieren, wenn sie die Tränen unterdrücken. Eltern, andere Erwachsene und Gleichaltrige wirken an dieser Unterdrückung mit, indem sie die Tränen diskriminieren (dies tun vor allem Jungen) und demjenigen Belohnungen versprechen, der möglichst schnell mit dem Weinen aufhört. Sie verwenden dabei Techniken wie: »Du armer, armer Junge!« (ironische Überbetonung); »Macht doch nicht ein solches Theater, das ist doch gar nicht so schlimm!« (Herabstufung des Problems); »Aber du magst doch eigentlich deine neue Schule!« (Vorhaltungen); »Sei doch nicht so kindisch!« (Kritik); »Benimm dich wie ein großer Junge!« (indirekte Kritik); »Weinerli, Weinerli« (Hänseleien durch Gleichaltrige). Für Kinder ebenso wie für Erwachsene (vor allem für Männer) gilt ganz allgemein, dass sie alles tun, um zu vermeiden, Tränen zu zeigen, weil sie sich auf diese Weise gegen Abwertung und Kritik schützen wollen. Wenn wir an diesem Problem arbeiten wollen, sollten wir versuchen, mit einer Art von Körperarbeit zu beginnen, um den Kindern zu helfen, eine innere Verbindung zu den entsprechenden Gefühlen aufzunehmen.

»Serena, du hast mir erzählt, dass du wirklich traurig warst, als deine Mutter euch verlassen hat. Ich hab das gut verstanden und ich denke, dass jeder so reagieren würde, wenn ihm das passiert. Du hast sicher auch richtig traurig ausgesehen. Kannst du mir zeigen, was du für ein Gesicht machst, wenn du richtig traurig bist?« Eine andere mögliche Einleitung wäre: »Serena, wir sind ja gerade erst dabei, uns kennen zu lernen. Ich höre gut zu, wenn du etwas sagst. Aber ich betrachte auch dein Gesicht, weil ich denke, dass auch Gesichter sprechend sind. Und ich denke, dass es dir so geht, wie uns allen: Manchmal sagt unser Gesicht etwas über unsere Gefühle aus, was wir nicht aussprechen würden. Kannst du mir mal zeigen, was für ein Gesicht du machst, wenn du wirklich traurig bist?«

Manche Kinder zeigen traurige Gesichter bereitwillig und gern, manche Kinder haben dabei ihre Schwierigkeiten. Sie halten das für ein Spiel, was für sie selbst bitterer Ernst ist. Und sie glauben nicht, dass ihr erwachsenes Gegenüber ihnen wirklich wird helfen können. Aber dann kann es passieren, dass eine mitfühlende Gesprächspassage die Schleuse öffnet.

Ein 9 Jahre altes Mädchen kam zu mir in die Gesprächstherapie, weil sie unkontrollierte Wutausbrüche hatte und ihre Geschwister körperlich angriff. Ich fragte sie bei der ersten Sitzung, ob sie wisse, weswegen wir hier zusammensitzen würden. »Weil ich ein besserer Mensch werden soll?« Als ich sie bat fortzufahren, sagte sie: »Ich soll mich benehmen lernen.« Ich versuchte ihr zu erklären: »Wenn du selber wünschen würdest, dein Benehmen zu verändern, würde ich dir sicher dabei helfen. Aber ich denke, du bist hier, weil du Dinge bewältigen musst, die für dich sehr hart sind. Ich möchte, dass wir zusammen herausfinden, was das ist, was für dich so hart ist, und wie wir erreichen können, dass es dir zu Hause wieder besser geht.« An dieser Stelle brach das Mädchen in ein lautes und langes Weinen aus, legte den Kopf auf den Tisch und weinte nahezu zehn Minuten lang. Als sie damit fertig war, setzte sie sich aufrecht hin, hob die Schultern und sagte: »Womit wollen wir anfangen?«

Eine andere Möglichkeit, das Thema der eigenen Trauer zur Sprache zu bringen, ist die Identifikation mit bestimmten Charakteren in populären Fernsehsendungen oder Kinderbüchern, die von unseren kindlichen Gesprächspartnern gesehen oder gelesen werden. Dazu ist es allerdings notwendig, dass wir die

Kinder über ihre Seh- und Lesegewohnheiten befragen und dass wir selber den Inhalt der Sendungen bzw. der Kinderbücher und ihrer Geschichten kennen. Dann können wir einen Charakter herausgreifen, der sich gerade in einer Trauerphase befindet, und gemeinsam eruieren, ob es da Ähnlichkeiten mit den Gefühlen unseres Gesprächspartners gibt oder wie anders unser Gesprächspartner auf seine eigenen Probleme antwortet.

Dabei ist es nicht notwendig, dass wir Erwachsenen die Tränen unserer kindlichen Gesprächspartner sehen, um zu wissen, dass sie jetzt ihre Gefühle äußern. Es gibt Kinder, die große Schwierigkeiten haben, vor anderen zu weinen. Wenn sie fühlen, dass Tränen in ihnen aufsteigen, dann ändern sie schnell das Thema, um wieder Kontrolle über sich ausüben zu können. Auf diese selbst auferlegte Hemmung können wir reagieren, indem wir das Trauern ohne Zeugen als eine Möglichkeit vorschlagen: »Ich denke, du möchtest heute nicht mehr über deine Traurigkeit sprechen. Ich kann das verstehen, weil mir Kinder immer wieder gesagt haben, dass sie allein sein wollen, wenn sie weinen. Sie können dann zwar nicht getröstet oder umarmt werden, aber es ist dennoch manchmal besser für sie. Manche Kinder haben mir gesagt, dass sie sich ihr Weinen für die Zeit aufgehoben haben, wenn sie zu Bett gingen. Jemand hat mir gesagt, dass die Dusche im Badezimmer ein wunderbarer Ort wäre, um zu weinen. Keiner hört dich und keiner kann hinterher darüber erzählen!« Vor allem Heranwachsende halten die Sache mit dem Weinen unter der Dusche für eine nachahmenswerte Idee und berichteten mir später: »Ich hab das selber ausprobiert und ich muss Ihnen sagen: Es ging wirklich und brachte mir eine große Erleichterung.«

Alle solche Vorschläge können häufig zu Missverständnissen führen. Es geht mir nicht darum, Kinder in Situationen zu bringen, in denen sie uns erwachsenen Beratern etwas »vormachen«. Sondern es geht mir darum, Gefühle des Verlustes und der Trauer als ernst zu nehmende psychische Zustände ins Spiel zu bringen, an deren Zulassung und Überwindung Kinder genauso arbeiten können wie wir Erwachsenen. Aber dazu müssen wir fähig sein, sie als Gefühle in den Blick zu nehmen und in Worte zu fassen, in Worte oder in Mienenspiel und Körpersprache.

5. Wie man Kindern hilft, die Selbstachtung zu behalten und Selbstkontrolle zu gewinnen

John Bowlby war der Erste, der 1968 das Thema Bindung und Bindungsfähigkeit bei Kindern und die damit zusammenhängenden Probleme des Verlustes von Eltern, Sorgeberechtigten und anderen wichtigen Bezugspersonen untersucht, publiziert und der wissenschaftlichen Bearbeitung zugänglich gemacht hat (Bowlby 1969, 1973, 1980, 2006). Sicher gibt es weiterhin unterschiedliche Positionen in der Frage, wieweit das Temperament und die Verhaltensmuster von Kindern genetisch übertragen worden sind und wieweit sie als Ausdruck von Lebenserfahrungen und erlebten Vorbildern gelten können. Auf jeden Fall sind Bindungen und Bindungsfähigkeit von Kindern ein wichtiges Element, das die individuelle Entwicklung in Kindheit und Jugend und lebenslange Verhaltensmuster emotional, sozial und kognitiv beeinflusst und prägt.

Kinder, die in den ersten drei bis fünf Jahren ihres Lebens eine dauerhafte und sichere Bindung zu für sie wichtigen Personen aufbauen konnten, haben eine größere Chance, sich in ihrem weiteren Leben als vertrauensvoll, kompetent, zukunftsoptimistisch und ressourcenreich zu entwickeln. Das erwarten sie übrigens auch von anderen Menschen, mit denen sie zu tun haben und denen sie ähnliche Grundlagen ihrer Selbstbewertung zutrauen. Das macht es ihnen leichter, in neue Beziehungen und Bindungen einzutreten. Sie haben gelernt, logisch und in Perspektiven zu denken. Das erlaubt ihnen, ihr intellektuelles Potenzial zu erweitern und ein stabiles Selbstbewusstsein zu entwickeln. Diese Kinder fühlen sich in der Lage, auf die Vorausschaubarkeit von Menschen, Sachen und Ereignissen zu zählen, weil sie in ihrem Leben Kontinuität und Bedeutsamkeit erfahren haben. Sie sind besser in der Lage, die internen und externen Ressourcen zu mobilisieren, die notwendig sind, um mit Stress und Frustrationen fertig zu werden, und die Fähigkeit zu entwickeln, mit Angstzuständen, Eifersucht und Enttäuschungen umzugehen. Mit hoher Wahrscheinlichkeit erholen sie sich von den widrigen Wechselfällen des Lebens schneller und vollständiger als Kinder, welche solche starken Bindungserfahrungen nicht machen konnten. Bindungserfahrungen sind das Ergebnis von wiederholten Interaktionen und Reaktionen, ursprünglich zwischen einem kleinen Kind und seiner Pflegeperson und später zwischen dem Kind und anderen wichtigen Personen innerhalb der größeren sozialen und gesellschaftlichen Umwelt. Nehmen wir einmal an, das Kind habe ein Bedürfnis, das ihm emotionales oder körperliches Missbehagen bereitet. Es signalisiert dieses Missbehagen durch körperliche Signale: Es beklagt sich, es schreit, es reagiert aggressiv. Die um das Kind sorgenden Erwachsenen reagieren auf diese kindlichen Signale durch schnelle, angemessene Handlungen, um dem Kind zu helfen, das Problem zu lösen oder mindestens zu erleichtern. Wenn diese Interaktion erfolgreich ist, signalisiert das Kind diesen Erfolg durch entspanntes Handeln und mit offensichtlichem Ausdruck von Erleichterung. Oder das Kind erlebt auf der anderen Seite große Freude und Herausforderung, und die Erwachsenen reagieren darauf mit Zustimmung und Freude. Wenn dieser Zyklus zwischen kindlichen Bedürfnissen, kindlichen Handlungen und Reaktionen der Umwelt sich immer wieder auf eine zuverlässige Weise wiederholt, erwerben Kinder das Vertrauen, dass ihre erwachsenen Bezugspersonen eine zuverlässige Quelle von Unterstützung, Sicherheit und Wärme darstellen. Das macht es wiederum wahrscheinlich, dass sich das Kind auch in Zukunft an sie und an andere wichtige Bezugspersonen wenden wird. Und weil auch die sorgenden Erwachsenen im Laufe der Zeit immer kompetenter, erfolgreicher und wichtiger für das Kind werden, sind sie immer besser in der Lage, auf angemessene Weise zu reagieren. Wenn beide, Kind und Erwachsener, diese wachsende Qualität von Zusammenhalt und Nähe erleben und wenn das Kind dadurch das basale Zutrauen erwirbt, dass Erwachsene auch weiterhin eine primäre Quelle emotionalen und körperlichen Wohlbefindens sein werden, solange sie zur Verfügung stehen, sagt man, das Kind sei auf sichere Weise »eingebunden«.

Eine andere Quelle für die Entwicklung einer sicheren Bindungsfähigkeit und einer sicheren Selbstachtung ist der positive Interaktionszyklus: Es geht dabei darum, wer Spiele und lustbringende Lernerfahrungen zwischen Kindern und Erwachsenen initiiert, wer reagiert, wenn die Kinder solche Interaktionen auf den Weg bringen, und wie oft ein solcher positiver Rollenwechsel geschieht. Kinder mit Erwachsenen, die ein positives Interesse an ihren Entdeckungen und Erfahrungen haben, ohne sich in diese Entdeckungen und Erfahrungen mit erwachsener Altklugheit einzumischen, und die ihrerseits das Leben mit Kindern genießen und die Zeit, die sie mit ihnen gemeinsam verbringen, solche Kinder erlauben eine positive Prognose über ihre sichere Bindungsfähigkeit zwischen dem ersten und dem fünften Lebensjahr. Manche Kinder erleben ihre ersten positiven Bindungen, wenn sie 18 Monate alt sind. Schon so frühzeitig bahnen sie eine Sicht auf sich selber an, in der sie als wertvolles interessantes Individuum erscheinen, das der Liebe würdig ist und das in kompetenter verantwortlicher Weise in Beziehungen mit anderen und zur Welt tätig werden kann. Forschungsergebnisse der letzten Jahrzehnte unterstützen die Meinung, dass solche Gefühle ein Fundament für positive Selbstbilder und positive Selbstbewertungen sind. Kinder haben dann das Gefühl, ihre Umwelt entdecken und erforschen zu wollen, glücklich zu sein, dass ihre Anstrengungen zum Erfolg führen werden oder sie sich an vielfältigen Aktivitäten beteiligen können. Und wenn sie einmal in Not geraten, entmutigt sind oder nach Hilfe rufen, dann werden sie in der Lage sein, Menschen zu finden, an die sie sich binden können, weil sie diese Menschen mit positiven Situationen, mit Erfolgen und respektvollen Reaktionen auf ihre Person verbinden. Auch sind solche Kinder mit großer Wahrscheinlichkeit in der Lage, sich interaktionsfähig zu verhalten, flexibel zu reagieren, sich kooperativ einzubringen und ihre Lernfähigkeit zu erhalten: also sozial kompetente Personen zu werden mit einer Reihe von Führungseigenschaften, die aber gleichzeitig nicht das Unglück ihrer Mitmenschen ausblenden.

Wenn Kinder hingegen nicht auf dauerhafte, zuverlässige und positive Interaktionen mit Erwachsenen und später auch mit Gleichaltrigen zählen können, gehen sie häufig unsichere und mit Furcht besetzte Bindungen ein, die durch ambivalente oder aber auf das Vermeiden von Bindungen gerichtete Gefühle charakterisiert sind. Kinder mit ambivalenten Bindungsgeschichten suchen nach dauerhafter Aufmerksamkeit, sie sind hochgradig sensibel gegen Kritik und zeigen angstvolle Reaktionen auf die Trennung von ihren Bezugspersonen, während sie gleichzeitig Annäherungsversuche von Erwachsenen kritisieren und sich ihren Hilfsangeboten widersetzen. Kinder, deren Interaktionen auf Vermeidung gerichtet sind, erscheinen zunächst ungewöhnlich selbstgenügsam und kompetent. Sie widersetzen sich elterlicher Sorge und Hilfe und scheinen sich eine Einmischung in ihre Angelegenheiten zu verbitten. Gleichzeitig sind sie innerlich äußerst unsicher. Sie erscheinen distanziert, wütend und von sich selber entfremdet.

Selbstachtung scheint vorrangig von der Qualität der Interaktionen in den Jahren früher Kindheit abzuhängen. Sie kann sich im Laufe der Zeit verändern, wenn sich die Qualität dieser Interaktionen ändert, beispielsweise in Richtung auf positives Interesse der Umwelt an der eigenen Person, oder umgekehrt, wenn sie durch Traumata in der Kindheit oder Misserfolgserlebnisse in den Beziehungen zu Gleichaltrigen oder später in der Schule gestört wird. So können selbst Kinder, die mit den Erfahrungen sicherer Bindungen ausgestattet waren, durch den Verlust oder die Trennung von einer geliebten Person ihre Fähigkeit zu späteren Bindungen und ihr Selbstwertgefühl verlieren. Sie fühlen sich dann nicht mehr liebenswert, sondern unbeachtet oder sogar als eine Last, und im Falle der Scheidung ihrer Eltern ist dies der Preis, den sie für deren Machtkämpfe zahlen müssen. Sie sind sich nun nicht mehr ihres Wertes bewusst, sondern fühlen sich als hilflose Opfer der Umstände. Ihre Bedürfnisse und Gefühle scheinen missverstanden, geschmälert oder missachtet und dies führt oftmals zu der Schlussfolgerung, dass sie wertlos seien. Dies alles macht es ihnen noch schwerer, den Erwartungen und Anforderungen ihrer Umwelt zu entsprechen und schmälert auf diese Weise zusätzlich ihre Selbstachtung.

Es kann aber auch sein, dass ursprünglich aufmerksame, sensible und hilfreiche Eltern durch Krankheit oder andere bedeutende Veränderungen ihrer Lebensumstände, die zu managen ihren ganzen Energiehaushalt beansprucht, nicht mehr die Kraft haben, dauerhaft effektiv und zuverlässig auf die Signale ihrer Kinder nach Bindung, Unterstützung und Hilfe zu reagieren. Die Hilfe, die sie dann noch anbieten, bezieht sich im Wesentlichen auf Leistung und Arbeit (beispielsweise die Kritik an den täglichen Routinen, an der Hausarbeit, den Hausaufgaben und dem Fortkommen in der Schule). So wird der ursprünglich entspannte und positive Interaktionszyklus mit den Kindern durch ungeduldige, schroffe und beleidigende Interventionen ersetzt. Ehemals lustvolle gemeinsame Interaktionen lösen sich in Streitgesprächen und Machtkämpfen auf. Der Interaktionsstil mit den Kindern ist nicht mehr ermutigend und in positivem Sinne herausfordernd, sondern grimmig, mechanisch und auf Kontrolle gerichtet. Kinder, die sich auf diese Weise nicht mehr der positiven Beziehungen mit ihren Eltern sicher sein können, beginnen sich der Situation nicht mehr gewachsen zu fühlen. Sie suchen die Schuld bei sich selber und zeigen Verstörung, wenn es ihnen nicht gelingt, die alte Beziehungsqualität wiederherzustellen.

Dies alles gilt nicht nur, wenn sich die Interaktionsqualität zwischen Kindern und den sie Erziehenden verändert, sondern auch, wenn die primäre Bezugsperson für das Kind nicht mehr verfügbar ist. Diejenigen, die dann die Rolle der primär Sorgeberechtigten übernehmen, mögen mit dem Kind nicht so vertraut sein und mögen die Signale des Kindes, die auf Kontakt und Hilfe gerichtet sind, nicht verstehen oder missverstehen. In solchen Fällen kann ein Kind der Sicherheit beraubt werden, die in einer dauerhaften und zuverlässigen Bindung besteht.

Kinder, die jünger sind als drei oder vier Jahre, haben in der Regel noch mehr Schwierigkeiten mit dem Verlust von Bindung und Selbstachtung, der dem Verlust einer geliebten Bezugsperson folgt. Und dieser Verlust kann in diesem frühen Alter nur schwer durch eine von außen gesetzte neue zeitweilige Pflegeperson kompensiert werden.

In dieser Situation mögen Kinder noch eine Zeit lang Signale aussenden, die um Hilfe bitten. Aber diese Kinder werden dann zunehmend ungeduldig, nachtragend und vorwurfsvoll, wenn niemand in der Lage zu sein scheint, ihren Schmerz zu verstehen und zu begreifen, was sie verloren haben. Sie mögen schließlich auch unfähig werden, überhaupt positive Interaktionen anzubahnen oder auf sie zu reagieren, weil sie zu sehr mit ihrem Schmerz und der damit verbundenen Desorganisation ihres Alltagslebens beschäftigt sind. Sie zeigen wenig Interesse an normalen Kinderspielen und ihre Spielfähigkeit mag noch zusätzlich vermindert werden, weil sie sich schuldig fühlen, wenn sie fröhlich sind und andere Familienmitglieder Trauer tragen.

Kinder in der Phase eines großen Verlustes sind deshalb in der Gefahr, sich selber als nicht mehr liebenswert, nicht mehr gewollt und nicht mehr wertvoll anzusehen. Erwachsene, die ihnen in dieser Situation helfen wollen und Kontakt zu ihnen suchen, werden sehr schnell entmutigt, weil sie den Widerstand der Kinder spüren, sich auf ihre positiven Angebote einzulassen. Früher oder später werden sie solche Versuche einstellen. Und die Kinder, die nicht in der Lage sind, sich an eine neue Situation anzupassen und sich neuen Situationen, neuen Rollen und neuen Bezugspersonen zu öffnen, entwickeln weiter Reaktionsweisen, die sie in zunehmende Schwierigkeiten bringen. Sie zeigen sich nicht mehr in der Lage, Bindungen versuchsweise einzugehen und sie bei positiven Erfahrungen schrittweise zu intensivieren, sondern sie halten sich überhaupt nicht mehr für bindungsfähig und halten den Versuch, Bindungen einzugehen, nicht mehr für sinnvoll. Sie halten vielleicht auch die Personen, die ihnen Hilfsangebote machen, nicht für ihrer Aufmerksamkeit würdig. Sie handeln so, als würden sie fremde Hilfe nicht mehr brauchen und auf eine Bindung an andere Personen nicht mehr angewiesen sein.

Ich habe eine enge Beziehung zwischen der Bindungsgeschichte und dem bisherigen Bindungsschicksal von trauernden Kindern und ihrer Selbstachtung bzw. ihrem Selbstwertgefühl hergestellt. Die Frage nach dem Stand der Entwicklung von Selbstwertgefühl bei Kindern ist für mich deshalb eine wichtige Frage, weil ein entwickeltes Selbstwertgefühl eine positive Prognose im Hinblick auf die künftige Bindungsfähigkeit dieses Kindes an neue wichtige Bezugspersonen ermöglicht. Es erscheint mir deshalb wichtig für professionelle Berater und Helfer, den Stand der Selbstachtung der Kinder, mit denen sie zusammenarbeiten, zu erforschen.

Ich benutze dabei im Folgenden eine Indikatorenliste der Selbstachtung, die ich nach einer Arbeit von Levin aus dem Jahre 1974 weiterentwickelt habe.

Hinweise auf Selbstachtung

Menschen mit geringer Selbstachtung
– schätzen ihre Bedürfnisse, Wünsche und Gefühle gering;
– fragen sich nicht, was sie eigentlich wollen;
– fragen nach dem, was sie wollen, nicht dann und nicht auf

eine Weise, die ihnen helfen könnte, dem Ziel ihrer Wünsche näher zu kommen;
- nehmen positive Äußerungen von anderen in Bezug auf ihre Person nicht wahr;
- erleben fremde Kritik nicht als hilfreich, sondern als zusätzlichen Beweis eigenen Versagens (»Du hast schon Recht – ich bin nun mal der totale Loser«);
- schätzen das, was sie selber zu bieten haben, gering ein (»Was weiß ich schon?«, »Die anderen sind doch alle besser als ich«, »Wenn ich mich denen so präsentiere, werden sie mich einfach auslachen«);
- versuchen keine neuen Dinge zu lernen und blamieren andere, wenn sie bemerken, dass diese Fehler beim Lernen machen;
- sagen nie etwas Positives über sich, nehmen aber auch die positiven Seiten von anderen nicht wahr;
- lieben sich einfach nicht.

Menschen mit entwickelter Selbstachtung
- erkennen ihre eigenen Bedürfnisse, Wünsche und Gefühle und bewerten sie positiv;
- wenn sie etwas wollen, fragen sie auch danach oder bitten darum;
- bitten in einer Weise, die es anderen erlaubt, positiv auf ihre Wünsche einzugehen (»Ich muss doch sagen, was ich will, die anderen können doch nicht in meinen Gedanken lesen«);
- akzeptieren positive Äußerungen von anderen über die eigene Person (»Das Lob hat mir gut getan, aber ich glaube, ich habe es auch verdient«);
- reagieren aufmerksam auf fremde Kritik und suchen herauszufinden, was an ihr hilfreich ist und weiterhilft;
- sind sich ihres Wertes bewusst und wissen, was sie zu bieten haben (»Ein paar von meinen Ideen sind wirklich gut. Was ich gemacht habe, hatte seinen Wert«);

- bewerten sich selber auf eine faire Weise und mit realistischer Mischung der guten wie der problematischen Seiten;
- experimentieren mit neuen Sachen und Situationen und lernen von Erfolg und Misserfolg;
- loben sich selbst und andere, wenn sie es für angemessen halten (»Das haben Sie gut gemacht«, »Die Art und Weise, wie Sie das anpacken, ist mir sehr sympathisch«, »Das war eine wirklich gute Idee«);
- lieben sich selber auf eine realistische Weise.

Bei der Verwendung einer solchen Liste ist es häufig sinnvoll, wenn Erwachsene für ihre Kinder ein Tagebuch führen oder wenn sie Heranwachsende bitten, dies für sich selber zu tun. In diesem Tagebuch sollten alle Situationen und Tatbestände eingetragen werden, die in besonderer Weise positive und negative Selbstbewertungen enthalten. Beziehen Sie sich jeweils auf identische Situationen und Gegenstände und auf bestimmte Tage oder Rhythmen im Alltagsleben? Wo sind Reste positiven Selbstwertgefühls deutlich zu erkennen und weiterzuentwickeln? Wie können wir Kindern helfen, positiven Erfolgserlebnissen eine größere Auftrittswahrscheinlichkeit zu verschaffen?

Selbstwert und Wechsel in der Erziehungsverantwortung

Eine wichtige Rolle im Wechsel von Selbstachtung und Selbstwert spielen Veränderungen der Personen und der Orte, von denen und an denen Kinder erzogen werden. Viele Kinder, die den Verlust oder die Trennung ihrer Eltern erlebt haben, haben sich an den Gedanken gewöhnt, dass andere Menschen sie loswerden möchten. Sie sind übersensibel gegenüber dem Gedanken, in eine fremde Pflegefamilie zu kommen. Wenn sie den Eindruck haben, dass jemand sie abschiebt oder wegstößt, dann schlagen sie zurück, als ob es um ihr eigenes Überleben ginge. Das geschieht oft zur Enttäuschung von gutwillig helfenden Pflegepersonen, die sich nicht erklären können, was einen solch aggressiven Ausbruch verursacht haben könnte.

Susanne war 11 Jahre alt, als ihr Vater sie wegen ihrer häufigen Wutausbrüche in eine Erziehungsberatungsstelle brachte. Die Beraterin war lange Zeit unsicher, was die eigentliche Ursache für diese Wutausbrüche sein könnte, bis sie eines Tages erlebte, wie Susanne mit ihrem Vater im Vorzimmer wartete. Ihr Vater las in einem Papier und sie bat ihn, dabei auf seinem Schoß sitzen zu dürfen. Er sagte Nein, und in diesem Augenblick begann Susanne zu schreien, sich auf den Boden zu werfen und ihn mit den Fäusten zu bearbeiten. Denn sie hatte kein »situatives Nein« gehört, sondern eine »totale Zurückweisung«: »Susanne, ich habe für dich in meinem Leben keinen Platz mehr!« Und um sich diesen Platz zurückzuerobern, war sie bereit, mit allen Mitteln zu kämpfen.

Kinder wie Susanne, die Erfahrungen mit dem Wechsel von Erziehungspersonen und Erziehungsorten haben, finden es außerordentlich schwierig, wenn sie gebeten werden, in einem anderen Zimmer zu wohnen, in einem anderen Bett zu schlafen, einen anderen Platz am Esstisch einzunehmen.

Dieter war 9 Jahre alt und besuchte nach mehrfachem Wechsel seiner Pflegeeltern eine Sonderklasse für verhaltensgestörte Kinder. Wenn er einen Ausbruch hatte und seine Klassenkameraden störte, wurde er regelmäßig gebeten, sich auf einen besonderen Stuhl zu setzen, der als »Time-out-Stuhl« Teil des Verhaltensmodifikationsprogrammes der Schule war. Dieter explodierte dann regelmäßig, und der Lehrer wusste sich zunächst nicht zu helfen. Auf einer Konferenz wurde vermutet, dass der Auslöser für die Aggression darin bestand, dass Dieter sich durch den Stuhl als vom Klassenverband ausgeschlossen erlebte. Aber er sollte sich nicht ausgeschlossen fühlen, sondern wie ein Ersatzspieler beim Fußball auf der Reservebank sitzen, bis er wieder fit wäre. Der Lehrer entwickelte deshalb eine etwas komplizierte Strategie. Dieter durfte sich von zu Hause ein Handtuch mitbringen und der Time-out-Stuhl wurde neben den Lehrer gesetzt. Wenn er jetzt »aus dem Spiel genommen wurde«, dann durfte er sein Handtuch um den Hals legen wie ein vom Spiel schwitzender Fußballer und saß neben dem Lehrer, wurde also vom weiteren Geschehen nicht ausgeschlossen. Diese neue Routine beruhigte ihn sichtlich und verminderte auch seine Zornesausbrüche gegenüber den Klassenkameraden. Sie transportierte die Lehre, dass man nicht ausgeschlossen werden muss oder sich nicht auszuschließen braucht, um wieder »spielfähig« und »teamfähig« zu werden.

Wenn es darum geht, zunächst unerklärliche Handlungen und Reaktionen von Kindern zu verstehen, ist es häufig hilfreich, sich nacheinander die folgenden Fragen zu beantworten:

1. Was ist eigentlich geschehen?
2. Wie hat es angefangen?
3. Was passierte dann?
4. Wie hat sich das betreffende Kind offensichtlich zu Beginn der Handlung gefühlt und wie an deren Ende?
5. Wie haben sich die beteiligten Erwachsenen gefühlt?

Weil aber auch schwierige Verhaltensweisen niemals von unendlicher Dauer sind, ist es auch noch wichtig, die folgenden beiden Fragen zu beantworten:

6. Wann und wie endete das problematische Verhalten? Gewissermaßen von selbst oder unter Mithilfe von wem oder was?
7. Nachdem das problematische Verhalten abgeklungen ist, was müsste geschehen, damit alle Beteiligten sich wieder positiv (oder mindestens neutral) aufeinander beziehen können?

Wenn die Muster identifiziert werden können, die den Beginn und das Ende eines problematischen Verhaltens markieren, wird es leichter fallen, bestimmte Auslöser für eine destruktive Verhaltenskette von Kinder zu vermeiden oder mindestens die Zeitphase zu verkürzen, in der negative Reaktionen dominant sind.

Wenn Scham im Spiel ist

Wenn Kinder den Eindruck haben, dass sie selber Fehler gemacht haben, vielleicht sogar versagt haben, wenn sie vom Verlust einer geliebten Person betroffen werden, dann ist dies häufig der Anlass für ein tiefgreifendes Schamgefühl. Weil sie glauben, einmal einen Fehler gemacht zu haben, befürchten sie, dass ihre Umwelt nur darauf wartet, dass sie wieder einen Fehler begehen. Um das zu verhindern, möchten die Kinder perfekt erscheinen, jenseits zu erwartender Norm, eben: unfehlbar. Das kann dazu führen, dass sie es vermeiden, andere um Hilfe zu bitten, zu sagen, dass sie selber nicht weiterwissen. Oder aber sie reagieren aggressiv auf vorsichtige Kritik und hilfreich gemeinte Ratschläge, was sie und wie sie es besser machen könnten. Wenn sie aufgefordert werden, etwas zu tun, was sie für besonders schwierig halten, meiden sie diese Aufgabe, zögern sie hinaus oder kritisieren die Art und Weise, wie sie selber an die Lösung der Aufgabe herangehen. Wenn Kinder das Gefühl haben, man würde von ihnen erwarten, dass sie makellos und fehlerlos wären, und wenn sie mit einer Situation konfrontiert werden, die sie hilflos macht, reagieren sie aggressiv auf die Situation oder aggressiv auf die eigene Unfähigkeit, mit ihr fertig zu werden. Es ist, als wollten sie sagen: »Bitte, bitte liebt mich trotz meiner Fehler und bitte verlasst mich nicht!« In solchen Situationen werden sie häufig unfähig, angemessen auf Zuwendung und Hilfe zu reagieren (»Wie sollte mich jemand mögen, wenn doch schon meine Mutter mich für einen Versager hält?«). Selbst auf den Ausdruck positiver Wertschätzung von Bezugspersonen reagieren sie abweisend (»Was du schon über mich weißt!«, »Wenn du meine Arbeit für ordentlich hältst, dann musst du verrückt sein«, »Du musst so reden, du bist schließlich mein Vater«). Wie Groucho Marx haben sie kein Interesse daran, Mitglied in einem Club zu sein, der sie als Mitglied aufnimmt.

Wege zur Wiederherstellung von Selbstachtung

Kinder, deren Selbstachtung gestört wurde und die darauf mit inneren Schamgefühlen reagieren, müssen wieder lernen, sich selber realistisch zu sehen und nicht als entweder perfekt oder auf perfekte Weise schlecht. Sie müssen wieder lernen zu erkennen, dass Teile ihres Verhaltens einfach das Resultat der Tatsache sind, dass ihnen keine anderen Wege einfallen, um ihre Bedürfnisse zu befrieden oder um sich zu verteidigen. Wenn ihnen das aber nicht gelingt oder wenn es zu destruktiven Gefühlen führt, dann müssen sie das Heft wieder selbst in die Hand nehmen und nach neuen Wegen suchen, um ihre Bedürfnisse zu befriedigen und ihre Interessen durchzusetzen.

Ich kenne ein 10-jähriges Mädchen, das darunter litt, nicht schön schreiben zu können. Offensichtlich hat kein anderer Schüler in ihrer Klasse ähnliche Schwierigkeiten. Eine Rücksprache mit ihrer Lehrerin machte klar, dass dies gar nicht stimmte. Benitas Schreibfähigkeit war zwar nicht besonders ausgeprägt, aber lag durchaus im Klassendurchschnitt. Die Lehrerin vereinbarte ein Treffen mit Benita, breitete vor ihr 20 unsignierte Schriftproben von anderen Klassenkameraden aus und bat sie, ihre Schriftprobe herauszusuchen. Benita war dazu nicht im Stande, weil die Schriftproben keine deutlichen und identifizierbaren Unterschiede zeigten. Dann bat die Lehrerin Benita, die 20 Schriftproben in drei Gruppen einzuordnen: die besten Schriften, mittlere Schriften und schlechte Schriftproben. Sie bat Benita festzustellen, in welcher Gruppe ihre eigene Schriftprobe wäre. Erst auf diese umständliche Weise gelang es, Benita davon zu überzeugen, dass sie nicht zur Gruppe der Schlechtesten gehörte. Und die Lehrerin konnte noch einmal mit ihrer

Autorität bestätigen, dass sie zur mittleren Gruppe gehörte oder manchmal sogar über dem Durchschnitt lag. In weiteren Gesprächen mit Benita wurde deutlich, dass dieses Mädchen viel Zeit darauf verwendete, sich mit Gleichaltrigen in verschiedenen Bereichen des täglichen Lebens auf eine kritische Weise zu vergleichen: Wie gut sie in einzelnen Schulfächern war, wie sie sich anzog, wer mit ihr zusammen beim Mittagessen in der Gesamtschule sitzen wollte und wer in den Pausen zwischen den einzelnen Schulfächern die beste Figur machte – in allen diesen Bereichen verglich sie sich ständig und stellte fest, dass sie in ihnen nicht die beste Rolle spielte. Die Lehrerin bat sie, einen bestimmten Tag herauszugreifen und eine Liste von Tätigkeiten und Leistungen zusammenzustellen, die sie für bedeutsam hielt. Dann sollte sie einen bestimmten Tag herausgreifen und an diesem Tag festhalten, welche ihrer Mitschülerinnen in welchen für sie bedeutsamen Handlungs- und Leistungsbereichen »am besten wäre«. Als sie der Lehrerin die Liste zeigte, stellten die beiden fest, dass es keine einzige Person in ihrer Klasse gab, welche die Beste in jedem der für wichtig gehaltenen Handlungsbereiche war. Also war es wohl auch keine besonders gute Idee, den Anspruch zu erheben, selber in all diesen Bereichen die Beste zu sein oder zur Spitzengruppe zu gehören. Hätte die Lehrerin oder eine andere professionelle Beraterin den Beratungsprozess mit Benita fortgesetzt, dann wäre die nächste und zweifellos schwierige Aufgabe gewesen, an der Frage zu arbeiten, ob Benita sich überhaupt immer und überall mit anderen vergleichen müsse, um sich des eigenen Wertes zu versichern. War sie selber der Ursprung dieses starken Bedürfnisses? Oder durch wen und durch was wurde es gespeist?

Scham ist häufig die Folge eines schlechten Gewissens und ein schlechtes Gewissen ist häufig die Folge von übertriebenen Anforderungen, die von anderen wichtigen Bezugspersonen gestellt werden oder die man glaubt erfüllen zu müssen, um anderen für wichtig gehaltenen Bezugspersonen zu gefallen. Haben sich die Leistungsanforderungen dieser tatsächlichen oder imaginierten Personen erst einmal festgesetzt, verbleibt Kindern meist kein anderer Ausweg, als sich den beiden Extremgruppen zuzuordnen: denen, die alles gut machen, und denen, die einfach schlecht sind. Wenn man erst einmal so weit gekommen ist, dass man Menschen in diese beiden Gruppen einteilt – und nur in sie –, dann fällt es schwer, die eigene Selbstachtung aufrechtzuerhalten, wenn man einen Fehler gemacht hat. Dann muss man die eigenen Fehler leugnen, verdecken oder aber aufblasen und zu einem Charakteristikum der eigenen Person machen: »Ich bin eben so und kann gar nicht anders!« In solchen Fällen ist es immer hilfreich, nicht allzu lange Zeit mit der Ursachenforschung zu verbringen, sondern konkrete Möglichkeiten zu suchen und zu finden, wie man es in Zukunft besser machen kann. »Also Martin, es ist doch jetzt unwichtig, ob du Jenny aus Versehen oder absichtlich umgestoßen hast. Sie hat sich auf alle Fälle verletzt. Hast du eine Idee, was du jetzt tun könntest, um das Geschehene wieder in Ordnung zu bringen?«, »Jenny! Ich habe es nicht gern, wenn du Geld aus meiner Brieftasche nimmst. Du schuldest mir jetzt 5 Euro. Du kannst sie zurückzahlen oder besser abarbeiten, wenn du in der nächsten Woche den Tisch nach dem Abendessen abräumst und das Geschirr abwäschst«.

Die Hilfe, die wir Kindern mit verminderter Selbstachtung und offenen oder verdeckten Schamgefühlen geben können, besteht nicht so sehr darin, dass wir sie verbal davon zu überzeugen suchen, dass sie besser sind, als sie selber sich einschätzen. Sondern darin, dass wir mit ihnen konkrete Handlungsmöglichkeiten besprechen, die sie selber erleben lassen, dass sie besser sind, als sie bisher gedacht haben. Manchmal hilft es auch, wenn man vor allem die Älteren unter ihnen bittet, sich in die Lage eines Beraters zu versetzen, der einem Freund helfen soll, welcher sich in ähnlicher Lage befindet.

Kinder, denen selten ein Erwachsener etwas Freundliches und Gutes sagt, die selten ein Erwachsener für das lobt, was sie getan (oder auch unterlassen) haben, werden häufig von wohlmeinenden Eltern und Erziehern im Gegenzug auf eine Weise unterstützt und gelobt, die ihnen selber unrealistisch und übertrieben erscheint. Wenn Kinder dies merken, erreichen wir mit dem Hervorheben positiver Aspekte ihres Seins und Handelns das Gegenteil, und sie nehmen uns nicht ernst. In solchen Fällen ist es auf jeden Fall geboten, nur solche Handlungsweisen und Leistungen positiv hervorzuheben, die es wirklich verdienen und die mindestens im Hinblick auf den Bezugsrahmen des Kindes, mit dem wir es zu tun haben, bemerkenswert sind.

Gleichzeitig aber ist es besonders wirkungsvoll, wenn wir die positive Wertschätzung nicht gegenüber dem Kind selber zum Ausdruck bringen, sondern in Anwesenheit des Kindes gegenüber einem anderen Erwachsenen. So könnte die Mutter zum Vater in einem abendlichen Gespräch sagen: »Ronny hat sich heute auf wirklich clevere Weise der Situation gewachsen gezeigt. Und er ist dabei immer bei der Wahrheit geblieben!« Und Ronny hat es gehört. Und der Lehrer könnte in Anwesenheit der Schüler zum Vater sagen: »Helga ist nicht nur in ihren Klassenarbeiten im letzten halben Jahr deutlich besser geworden. Sie hat auch im Unterricht gezeigt, dass sie an Selbstbewusstsein und Durchsetzungsvermögen gewonnen hat. Immer weniger lässt sie sich durch Einwände anderer Schüler, die glauben, es besser zu wissen, ins Bockshorn jagen.«

Sich selber die Schuld geben

Ich habe in diesem Buch schon mehrfach erwähnt, dass Kinder häufig und in unterschiedlichem Alter sich selber für den Verlust einer geliebten Person oder eine erlebte Trennung verantwortlich machen. Sie denken dann, dass sie etwas falsch gemacht haben, dass sie es nicht wert waren und dass sie durch den Verlust bestraft werden sollten. Ich kenne ein Kind, das in einem tragischen Unfall der Eltern zur Vollwaise wurde. Gefragt, was denn den Unfall der Eltern verursacht habe, sagte das Kind nahezu tonlos: »Es ist, weil ich immer meine Milch verschütte. Ich bin wirklich ein sehr unruhiges Kind.«

Tony war 5 Jahre alt und hatte manchmal Probleme mit seiner drei Jahre jüngeren Schwester Jolanda, vor allem wenn sie sich in seine Spiele einmischte. Eines Tages baute er im Garten eine Straße für seinen Lastwagen. Das Projekt war beinahe beendet und Jolanda bestand darauf, sich mitten auf der Straße hinzusetzen. Tony sagte, sie solle weggehen, und als sie es nicht tat, schrie er sie an, und als sie es immer noch nicht tat, schlug er sie mit seinem Lastwagen auf den Kopf. Das machte eine kleine Wunde, die allerdings stark blutete. Jolanda schrie wie am Spieß. Ihre Mutter kam in großer Sorge aus dem Haus und schrie ihrerseits Tony an, was für ein brutaler Junge er wäre. Monate später musste sein Vater den Wohnort wechseln, weil er an der Küste Arbeit gefunden hatte. Tony glaubte, dass der Vater das Haus seinetwegen und wegen seines aggressiven Verhaltens verlassen habe. In einem langen Brief konnte der Vater Tony seine eigenen Beweggründe glaubhaft erklären. Wäre dies nicht der Fall gewesen, hätte sich Tony möglicherweise zu einem Kind entwickelt, das entweder andere Kinder schlägt, weil es sich dazu im Recht fühlt, oder das unfähig ist, den eigenen Körper zu benutzen, um sich durchzusetzen und dadurch andere Kinder provoziert, ihn zu schlagen.

Es kann hilfreich sein, wenn wir beobachten, wie Kinder mit Lob und Tadel umgehen und wie sie es anstellen, Freundschaften zu schließen und zu erhalten. Verhalten sie sich dabei spürbar defensiv? Nehmen sie an, dass die anderen sie eh nicht mögen? Sind sie optimistisch und gehen sie von sich aus auf andere Kinder zu? Sind sie anfällig gegenüber Schimpfworten? Wie reden sie über sich selber? Manchmal ist das, was sie über sich sagen, in der Tat ein deutlicher Hinweis auf die Gefühle, die sie sich selber gegenüber empfinden. Es gibt eine Reihe von Wegen, auf denen Kinder sich selbst für schuldig halten. Es ist wichtig, die Gründe dafür herauszufinden. Eltern und Berater können einfach danach fragen. Wie die Antworten zu bewerten sind und ob es überhaupt Antworten gibt, wird im Einzelfall abzuwarten sein. Weiter helfen häufig indirekt eingebettete Fragen projektiver Natur, die Kinder anregen sollen, sich in die Lage ihrer Bezugspersonen zu versetzen. Die Frage ist dann: Was würden sie selber in einer solchen Situation tun, in der ihre reale Mutter oder ihr realer Vater sie verlassen hat? »Was meinst du, was eine Mutter dazu bringen könnte, das zu tun, was deine Mutter getan hat?« Oder: »Dein Vater hat sich also entschieden, nicht mehr weiter mit euch zu leben. Was könnte einen Vater dazu bringen, sich so zu entscheiden?«, »Das warst du also, ein kleines Kind, nur so groß, und deine Eltern sind einfach verschwunden. Warum würden eine Mutter und ein Vater so etwas tun?« Häufig sind Kinder im Hinblick auf die Beantwortung solcher Fragen sehr offen und direkt. Die Antworten sind dann gleichsam objektiv und sachlich, ohne dass sich die Kinder durch Antworten auf ihre eigene Person oder Rolle angegriffen oder in die Defensive gedrängt fühlen.

Wir können auch künstlerische Aktivitäten benutzen oder Geschichten, welche die Kinder selber erzählen und weiterspinnen sollen. Sie können eine reiche Quelle für Informationen enthalten, solange wir als Erwachsene im Auge behalten, dass solche Geschichten im besten Falle Spuren legen und Hinweise auf die Selbstbetroffenheit der erzählenden Kinder liefern können. Wir müssen uns selber die Regel geben, dass wir alle Vermutungen, die wir aus diesen Geschichten entwickeln, im Gespräch mit dem Kind, das sie erzählt hat, überprüfen müssen. Als Marie gebeten wurde, das Bild eines Hauses zu malen, wählte die 6-Jährige ein »leuchtend orangefarbenes Zeichenblatt« und benutzte einen grünen Fettstift, um ein typisches Wohnhaus zu malen, mit Satteldach, Kamin, zwei Fenstern und einer Eingangstür. Mit einem Blick auf die Beraterin nahm sie einen orangefarbenen Zeichenstift und deutete damit eine Glasscheibe in einem der Fenster an. Beraterin: »Es sieht so aus, als wäre eines deiner Fenster anders als das andere. Kannst du mir sagen, warum?« Marie: »Ja, eines ist zerbrochen.« Beraterin: »Wie ist es zerbrochen?« Marie: »Die Mutter hat die Puppe aus dem Fenster geworfen.« Beraterin: »Warum sollte eine Mutter so etwas tun?« Marie: »Das Baby war einfach ätzend!«

Der Hintergrund der Geschichte ist folgender: Marie lebte augenblicklich in ihrer vierten Pflegefamilie. Sie hatte mit den drei vorigen Pflegefamilien »gebrochen«, indem sie ein Verhalten gezeigt hatte, das man zutreffend als »ätzend« bezeichnen könnte. Die Unterhaltung über das Bild bot einen guten Anlass, mit Marie über die Trennung von ihrer ersten Mutter zu sprechen und über die darauf folgenden Trennungserfahrungen, die dazu führten, dass Marie eine Menge Selbstzweifel und Selbstbeschuldigungen in sich aufgebaut hatte.

Wer mit Kindern arbeitet, die einen Verlust oder eine Trennung verarbeiten müssen, sollte die Tatsache nicht unterschätzen, dass viele dieser Kinder sich selber die Schuld für diesen Verlust geben und ihn nicht als ein zufälliges Ereignis begreifen, das ebenso auch andere Kinder hätte treffen können. Kinder mit solchem Schuldgefühl haben es wesentlich schwerer, den Verlust zu verarbeiten, als andere Kinder. Es wird deshalb immer notwendig sein, zu versuchen, Kindern diese Schuldgefühle zu nehmen (natürlich nur, wenn sie unbegründet sind) und sie mit realistischen Informationen über die Geschichte des Verlustes zu versorgen.

Christine kam in eine Pflegefamilie, als sie 4 ½ Jahre alt war. Mit sieben wurde sie von ihren Pflegeeltern adoptiert. Diese hielten jedoch die Verbindung zu ihrer ersten Mutter aufrecht, dann wurde Christine von dem Hausarzt der Pflegefamilie für eine therapeutische Behandlung vorgeschlagen. Der Hausarzt ebenso wie die Adoptivmutter waren wegen Christines dauerhaft unterentwickelten Selbstwertgefühls und ihrer exzessiven Passivität beunruhigt. Sie vermied es, Verantwortung für irgendetwas zu übernehmen und sich selber Lebensziele zu setzen. Die Erwachsenen befürchteten, dass sie auch sexuell in Schwierigkeiten kommen würde, weil sie sich widerspruchslos auf alles einließ, was in der Gruppe ihrer Gleichaltrigen gerade

»in« war. In der therapeutischen Beratung wurde bald klar, dass ein Teil der Passivität von Christine im Zusammenhang mit unrichtigen Vorstellungen stand, die sie vom Verlust ihrer Ursprungsfamilie hatte. Diese Vorstellungen liefen darauf hinaus, dass sie durch die Trennung von ihrer Mutter bestraft worden sei, weil sie sich geweigert habe, nach deren Vorstellungen zu leben und zu lernen. Danach habe sie sich entschieden, sich nie wieder gegen Erwachsene durchsetzen zu wollen, um künftige Verluste und Trennungen zu vermeiden. Erschwerend kam hinzu, dass sie weder mit ihrer Adoptivmutter noch mit ihren Großeltern offen über die familiären Ereignisse habe sprechen können, die dazu geführt hatten, dass sie in Pflegefamilien gegeben worden war. Die tatsächliche Familiengeschichte war etwas anders verlaufen. Christines Mutter hatte die Tochter offensichtlich vernachlässigt – das jedenfalls befürchteten die Großeltern – und das zur Hilfe gerufene Jugendamt hatte deutliche Anzeichen von Verwahrlosung und Missachtung der elterlichen Sorge festgestellt und die Durchsetzung einer Fremdunterbringung betrieben. Als Christines Mutter das Sorgerecht für ihr Kind durch Richterspruch entzogen worden war, hatte sie sich das Leben genommen. Dies war das eigentliche und bestgehütete Geheimnis der Familie, über das nicht gesprochen wurde. Und dieses Schweigen wiederum war der Anlass für die Phantasien, in denen Christine sich selbst beschuldigt und denen sie jahrelang nachgegangen hatte. Erst nachdem sie die ganze Geschichte erfahren hatte, konnte sie sich in die Lage versetzen, sich selber und ihr bisheriges Leben in einem neuen Licht zu sehen. Ihre Phantasien, schuld an der Trennung von ihrer Mutter gewesen zu sein, hörten auf und damit war ihr Blick auf die Zukunft wieder frei.

Kindern helfen, ihre persönliche Geschichte zu verstehen

Es ist ein häufiger Irrtum von uns Erwachsenen, zu denken, Kinder hätten eine realistische und für sie selber hilfreiche Fähigkeit, sich ihre eigene Lebensgeschichte zusammenzureimen. Gerade dann, wenn sie sich bestimmte Ereignisse in ihrem eigenen Leben nicht erklären können, haben sie ein großes Bedürfnis, hinter die »Wahrheit« ihrer Vergangenheit zu kommen. Andere Kinder hingegen vermeiden diese Sicht »hinter ihre eigenen Kulissen« um jeden Preis. Bei der Arbeit mit trauernden Kindern kann es notwendig sein, ihre Geschichte mit ihrer Hilfe noch einmal zu rekonstruieren und dabei auch auf neuralgische Stellen innerhalb der Geschichte aufmerksam zu werden, die zu einer markanten Veränderung von Einschätzungen, Einstellungen und Gefühlen geführt haben. Es gibt verschiedene Methoden, Kindern zu helfen, diese Geschichten zu rekonstruieren, so wie sie sie in Erinnerung haben. Dabei ist zunächst nicht entscheidend, ob die so rekonstruierten Geschichten der Wirklichkeit entsprechen oder nicht. Wichtig ist, herauszufinden, ob sie im Bewusstsein, in der Erinnerung und im Gefühlsleben einen realistischen Platz haben. Für diese Rekonstruktionsarbeit gibt es eine Reihe von Techniken, die im Wesentlichen von professionellen Beraterinnen und Beratern verwendet werden. Da ist einmal das Spiel mit Puppen oder mit selbst gezeichneten, danach ausgeschnittenen, auf Pappe aufgeklebten Figuren, die für die Personen stehen, die im bisherigen Leben der Kinder eine entscheidende Rolle gespielt haben. Und da ist der Versuch, eine Lebenslinie entlang den konkreten Ereignissen im Leben des Kindes zu ziehen und mit persönlichen Erinnerungen und Erfahrungen aufzufüllen. Diese Verfahren – und andere – sind aufwändig, zeitintensiv und erfordern eine professionelle Einschätzung der Notwendigkeit, des Erkenntniswertes und der daraus zu ziehenden Schlussfolgerungen für Beraterinnen und Berater.

Kinder, die häufiger in ihrem jungen Leben ihre Bezugspersonen wechseln müssen, reagieren häufig positiv auf eine schriftliche Lebensgeschichte in Form von Erzählungen, die das Kind selber im Gespräch mit einem Berater wiedergegeben hat, oder mit der Herstellung eines »Lebensbuches«, in dem der Berater Bilder, Zeichnungen und in chronologischer Reihenfolge die wichtigsten Daten im Leben des Kindes zusammenstellt.

Jedes Fundstück in diesem Lebensbuch sollte mit einer Unterschrift versehen sein und auch für Außenstehende Erkenntniswert besitzen, so dass es interessierten Erwachsenen, die intensiver mit dem Kind befasst sind, eine informative Hilfe sein kann.

Wer mit einem Kind in einer Pflegefamilie arbeitet, kann anregen, dass die Pflegeeltern Jahr für Jahr (von einem Geburtstag zum anderen oder vom Beginn eines Schuljahres bis zu dessen Ende) erinnerungswerte Fundstücke sammeln und in einem großen, dauerhaften Umschlag aufbewahren. Diese Fundstücke können am Ende jedes Jahres in das Lebensbuch integriert werden. Wenn das Kind später einmal in die Ursprungsfamilie zurückkehrt oder auch wenn es sich später einmal an seine eigene Entwicklung erinnern will, kann ein solches Lebensbuch, an dem das betreffende Kind allerdings selber aktiv mitwirken sollte, eine große Hilfe sein. Eine solche Sammlerarbeit nimmt Zeit in Anspruch und macht einige Umstände. Aber sie kann eine wertvolle Hilfe sein, um die Lebensgeschichte eines Kindes unter widrigen, wirren und verwirrenden Umständen zu sichern und für eine positive Rückschau parat zu halten.

Kinder, die alles unter Kontrolle haben

In den zurückliegenden Kapiteln dieses Buches habe ich mich überwiegend mit Kindern beschäftigt, die durch die Trennung von einer geliebten und für sie wichtigen Person oder durch einen dauerhaften Verlust aus der Bahn geworfen worden sind und eine Reihe von mehr oder weniger dauerhaften Reaktionen zeigten, die offensichtliche Hilflosigkeit und Hilfsbedürftigkeit signalisierten. Es gibt nun aber auch Kinder, die nach ähnlichen Trennungsschicksalen und Verlusterfahrungen das äußerliche Gegenteil von Hilflosigkeit und Hilfsbedürftigkeit an den Tag legen. Sie scheinen ihre Trauer verarbeitet zu haben, sie werden mit ihrer Wut fertig, sie erscheinen als selbstbewusst und ihres Selbstwertes sicher, sie wirken kompetent und scheinen – wie man umgangssprachlich sagt – »alles im Griff zu haben«. Dennoch gibt es Situationen und einzelne Fälle, in denen eine solche augenscheinliche Kontrollkompetenz über sich selber und über ihr Leben eine Reihe von Problemen mit sich bringen kann. Von diesen Problemen will ich am Ende dieses Kapitels sprechen.

Wie gesagt, es gibt Kinder, die für ihr Alter ausgesprochen kompetent und selbstbewusst erscheinen und dadurch ihre eigene Sicherheit gewinnen. Aber sie sind in gewisser Weise zu Einzelgängern geworden. Vielleicht waren ihre Versuche, befriedigende positive Beziehungen zu Gleichaltrigen und zu Erwachsenen aufzunehmen und zu festigen, ohne Erfolg. Das hat sie möglicherweise zu der Überzeugung gebracht, Kontakte zu anderen aufzunehmen, ihnen nahe zu kommen und sich auf sie zu verlassen sei ein Risiko – mit zu großen Verletzungsgefahren und Enttäuschungen verbunden. Vielleicht sind sie zu der Überzeugung gekommen, sie könnten nicht auf Erwachsene zählen, um für sich selber Sicherheit zu gewinnen. Oftmals sind sie die Kinder von Eltern, die sich selbst ihre Bedürfnisse und Gefühle nicht zugestehen, sie stattdessen verleugnen und von ihren Kindern erwarten, das Gleiche zu tun. Es gibt auch Eltern und andere Erziehende, die eine solche frühreife Kontrollkompetenz bei ihren Kindern fördern, weil sie es leichter finden, mit Kindern zu tun zu haben, die sich wie Erwachsene benehmen und eher gleichwertige Partner zu sein scheinen als gewöhnliche Kinder mit all ihren altersgemäßen Bedürfnissen in ihren verschiedenen Wachstumsphasen. Solche Kinder weisen häufig fremde Hilfe zurück und machen klar, dass sie in der Lage sind, selber mit ihrem Leben zurechtzukommen und dies lieber auf ihre eigene Weise tun als nach den Vorstellungen wohlmeinender Ratgeber. Sie scheinen für Erwachsene, mit denen sie zusammen sind, keine Probleme darzustellen, aber sie neigen dazu, sich mit der Zeit zu isolieren und einsam zu werden, weil sie andere ausschließen und sich gegenüber anderen verschließen. Als Erwachsene wissen sie später häufig nicht, was ihre Bedürfnisse sind oder, wenn sie es dennoch wissen, sind sie vielleicht unfähig, sich diese Bedürfnisse zu erfüllen oder andere zu bitten, dies mit ihnen gemeinsam zu tun. Sie bitten nicht um Hilfe, sie wollen keine Unterstützung, sie lehnen es ab, getröstet zu werden, wenn sie in Schwierigkeiten sind – vielleicht sogar, weil sie diese Schwierigkeiten für unnötig, im Prinzip unakzeptabel und nicht tolerierbar halten. Sie können später Schwierigkeiten haben, neue Verpflichtungen einzugehen oder Verantwortung zu delegieren oder Verantwortung mit anderen zu teilen und im Team zu arbeiten. Sie wirken sehr angestrengt und alle kleinen Probleme, die ihnen begegnen sind nur dazu da, sich und anderen zu beweisen, dass sie wirklich außergewöhnlich wertvolle und kompetente Menschen sind. Sie glauben, dass sie für das geliebt werden, was sie tun, was sie haben, und wie oft sie siegen und gewinnen – aber nicht so sehr für das, was sie mit all ihren Ecken und Kanten, ihren Vorzügen und Schwierigkeiten auf authentische Weise sind (was immer das sein mag).

Kinder, die Elternrollen spielen

Es gibt Kinder, die nach einem Verlust besonders schnell groß zu werden versuchen, weil sie fehlende ältere Geschwister oder abwesende Eltern ersetzen wollen. Es gibt Experten, die dies damit begründen, dass diese Kinder in dieser Erwachsenenrolle der geliebten Person nahe bleiben wollen und dass sie durch ihr aktives Handeln ihren Schmerz überwinden können. Solche

Kinder benutzen häufig dieselben Worte und Gesten wie die verloren gegangen erwachsenen Vorbilder, sie zeigen die gleichen Interessen, übernehmen ähnliche Verantwortlichkeiten und alltägliche Gewohnheiten. Dieses Verhalten wird durch andere Erwachsene unterstützt, die zu verstehen geben, dass sie es eindrucksvoll finden, wie diese Kinder die Lücke ausfüllen, die durch den Verlust entstanden ist. Das heißt aber, dass die Kinder sich darauf konzentrieren, ein anderer zu sein als der, der sie ihrer eigenen Entwicklung nach sind, was aber ihre eigene Entwicklung, auch die Entwicklung einer eigenen Identität, behindert und möglicherweise zu einer späteren Verbitterung über die verloren gegangene eigene Kindheit führt. Im alltäglichen Leben befinden sich solche Kinder oftmals im Konflikt mit der Rolle, die sie angenommen haben, und den Bedürfnissen, die sie verleugnen. Sie erscheinen auf der Oberfläche gut in der Lage, sich den Anforderungen des Alltagslebens zu stellen, eigentlich aber sehnen sie sich nach jemandem, der sie in die Arme nimmt und ihnen ihre Sorgen vertreibt.

Ein Mädchen, das ich kannte, erschien in ihrem 12. Lebensjahr als ruhige, selbstgenügsame und zugewandte große Schwester – sehr zur Entlastung ihrer schwer geprüften Familie, die einen traumatischen Verlust erlitten hatte. Aber dieses Mädchen wurde des Nachts von Albträumen geplagt, in denen sie sich in einem Geisterhaus wiederfand, in dem sie Riesen verfolgten. Immer und immer wieder versuchte sie mit dem jüngeren Bruder auf ihrem Rücken zu entkommen und beide in Sicherheit zu bringen. Aber die Riesen holten sie ein und belegten sie mit einem Fluch, der ihr Gesicht in eine groteske Maske verwandelte. Erlöst werden könne sie nur, so wurde ihr gesagt, wenn sie in ein Restaurant in ihrer Nachbarschaft gehen und jemanden finden würde, der ihr das Geld für einen Drink spendierte. Dann würde sie wieder in ihre Normalität zurückkehren können. In ihrem Traum ging sie zu den Leuten, die im Restaurant dinierten, und traute sich nicht, sie zu fragen, ob sie ihr helfen würden. Aber auf der anderen Seite war sie ebenso verängstigt von der Möglichkeit, dass sie ihr die Hilfe verweigern würden, wenn sie sie darum bäte. An diesem Punkt wachte sie auf und suchte schweißgebadet nach jemandem, um sie zu trösten und ihr zu helfen. Obwohl sie wusste, dass es die geträumten Riesen nicht gab, fürchtete sie doch, dass die Riesen, die unter ihrem Bette lagen, sie bedrängen und verletzen würden, wenn sie wüssten, dass sie wach liege. Eine Nacht nach der anderen lag sie also ohne Schlaf in der Dunkelheit, weil sie nicht wusste, welcher Ausweg ihr noch offen stünde.

Solche Kinder, welche die Rolle der Eltern übernehmen, übernehmen nicht nur Rollen, die in ihrer eigenen Familie unbesetzt sind, sondern sie beginnen auch, bekannte Personen in ihrer Umwelt zu korrigieren und zu disziplinieren und sie wegen ihrer unerwünschten Ratschläge und ihres Beckmessertums zu verscheuchen.

Sie überbewerten ihre eigenen Fertigkeiten und tragen sie nach außen, um ihre eigene Unsicherheit zu kompensieren, besonders, wenn sie sich selber als unwillkommen, unerwünscht oder unfähig erleben, Einstellungen, die andere nur noch weiter von ihnen entfernen.

Kinder, die Pflegeaufgaben übernehmen

Einige Kinder versuchen, ihr Leben zu meistern, indem sie sich gegenüber anderen so unersetzlich machen, dass man auf ihre Hilfe in Zukunft niemals wird verzichten können. Sie werden Helfer im wörtlichen Sinne dieses Wortes. Sie unterdrücken ihre eigenen Bedürfnisse und versuchen anderen mit allen Mitteln und unter allen Umständen zu helfen. Diese Kinder suchen ein Selbstbild aufzubauen und zu bewahren, das wenig Energie für ein authentische Wahrnehmung ihres eigenen Selbstbildes übrig lässt. Sie können unfähig werden, wahrzunehmen und zu sagen, was sie wirklich denken und fühlen und wer sie wirklich sind. Ganz offensichtlich sind sie niemals ermutigt worden, eigene

Gedanken zu entwickeln oder Gefühle über sich selber auszudrücken.

Solche Kinder, die sich als Helfer gerieren, neigen dazu, sich Freunde mit exzessiven Schmeicheleien oder mit materiellen Gaben zu kaufen. Sie haben oftmals das Gefühl, dass sie unfähig oder niedergeschlagen oder ängstlich sind, wenn sich andere Kinder unwohl fühlen oder wenn sie nicht für andere Aufgaben übernehmen können, weil sie immer glauben, dass es ihre Aufgabe ist, diese anderen glücklich zu machen.

Sie neigen dazu, ihre eigenen Bedürfnisse auf andere zu projizieren, indem sie nach jemandem suchen, den sie retten oder den sie lieben können, weil sie meinen, dass er gerettet oder geliebt werden wolle.

Im Unterbewusstsein scheinen diese Kinder zu hoffen, dass die Empfänger ihrer eigenen Zuwendung so dankbar und zugetan sein würden, dass sie diese Zuwendung mit gleicher Münze zurückzahlen würden. Manche identifizieren sich dabei mit Tieren, von denen sie sich gebraucht, verstanden und anerkannt fühlen. Manche dieser Kinder tragen sich mit dem Gedanken, einmal Sozialarbeiter zu werden, wenn sie groß sind.

Solche Kinder und Jugendliche erleiden häufig Verluste und Enttäuschungen, wenn sie älter geworden sind, weil sie immer wieder Beziehungen zu anderen aufnehmen, die sie so verzweifelt brauchen, dass sie niemals in der Lage sein würden, sie zurückzuweisen oder zu verlassen. Sie haben also offensichtlich keine Möglichkeit, in gleichgewichtige Beziehungen mit anderen »auf Augenhöhe« einzutreten und diese Beziehungen auf Dauer zu stellen. Am Ende fühlen sie sich dann von Menschen missbraucht und zu Opfern gemacht, die sie selber als Menschen angesehen hatten, die von ihnen gerettet werden müssten.

Kinder in Opposition

Kinder, die in besonderer Weise vom Leben geschlagen worden sind, versuchen oftmals, ihr Leben und ihre Umwelt auf extreme Weise zu kontrollieren, weil sie Angst haben, dass sie in Schwierigkeiten geraten, wenn sie auf die Kontrolle ihrer Umwelt verzichten. In diesem Kampf mit ihrer Umwelt reißen die Kämpfe zur Erhaltung ihrer Selbstkontrolle nicht mehr ab. Diese Kinder werden auf extreme Weise oppositionell, sie weigern sich, Grenzen anzuerkennen, sie kämpfen und argumentieren über Regeln und Routinen und weigern sich, auf vernünftige Forderungen anderer einzugehen. Egal, welche Grenzen man ihnen auch setzt, sie übertreten sie und sagen laut und deutlich: »Du musst mir nicht sagen, was ich zu tun habe!«, »Es interessiert mich überhaupt nicht, was du denkst!« – alles Botschaften, die signalisieren sollen, dass sie im Grunde selber damit rechnen, dass sie bei nächster Gelegenheit wieder verletzt werden. Oftmals sind sie schwierige Patienten, die regelrecht zurückschlagen, wenn jemand ihre Ohren oder Zähne untersuchen will – terrorisiert von dem Gedanken, dass sie sich unter der Kontrolle eines mächtigen, verletzungsbereiten Erwachsenen befinden. Sie verteidigen sich mit der Bösartigkeit eines Menschen, der von seinen Gegnern nur das Schlimmste erwartet, und sie sind unfähig, ihr oppositionelles Gehabe aufzugeben, weil sie meinen, dass dieses Gehabe ihnen Sicherheit bietet. Oftmals erleben sie sich in einer Sackgasse und weisen fremde Hilfe mit aggressiver Gebärde ab, weil sie meinen, dass sie nichts mehr zu gewinnen und nichts mehr zu verlieren hätten. Unterhalb dieses aggressiven und auf Selbstkontrolle gerichteten Verhaltens sind oppositionelle Kinder oftmals depressiv und ohne Hoffnung. Sie flüchten sich in den Schlaf, sie haben Probleme mit Erwachsenen und mit Gleichaltrigen in der Schule, sie sind schlechte Schüler, sie leiden unter körperlichen Beschwerden und werden später als Schläger, als Vandalen oder als Kriminelle belangt.

Übertrieben passive und angepasste Kinder

Einige Kinder reagieren auf ihre Gefühle der Hilflosigkeit und der Verlassenheit, indem sie passiv und unterwürfig werden. Sie schätzen sich selber als kraftlos, inkompetent und ineffizient ein und misstrauen ihren Fähigkeiten, Probleme zu bearbeiten und sie zu lösen. Oder aber sie reagieren zunächst passiv und missachten Hinweise darauf, dass sie Fehler machen könnten. Erst wenn sie in der Schule zurückbleiben und deshalb vom Klassenlehrer ernsthaft verwarnt werden, wachen sie auf und begreifen den Ernst der Situation. Insgesamt kann es passieren, dass sie im Hinblick auf ihre Entwicklung und ihr weiteres Leben passiv und fatalistisch werden, keine Pläne mehr machen, keine Verantwortungen übernehmen und von der Hand in den Mund leben. Sie schrauben damit ihr Anspruchsniveau zurück und überzeugen sich, dass Erfolg für sie niemals gezählt hat und zählen wird. Wenn sie dann doch einmal erfolgreich sind, schreiben sie dies einer außergewöhnlichen Glückssträhne zu, die im Widerspruch zu ihrem eigenen pessimistischen Selbstbild steht. Wie schwierig und ernst eine Situation sein mag, in der sie sich befinden: Sie lächeln darüber oder zucken bloß die Achseln.

Bowlby weist in seinen Untersuchungen darauf hin, dass solche »erlernte Hilflosigkeit« bei Erwachsenen als depressive Verwirrung bezeichnet werden würde, weil sie eine ganze Reihe von Symptomen zeige, die depressiven Zuständen zugeschrieben werden. Kinder mit diesen Symptomen geben auf Befragen zu, dass sie sich mies fühlen, traurig, entmutigt und hilflos. Sie zeigen aber oftmals auch andere klassische Symptome depressiver Zustände: Sie wachsen nicht mehr, haben Einschlafschwierigkeiten, sind lethargisch und verlieren das Interesse an früher einmal attraktiven Dingen, sie zeigen Konzentrationsschwäche und spielen mit dem Gedanken, zu sterben oder Selbstmord zu begehen. Wenn sie dennoch versuchen, ihr Gefühl der Hilflosigkeit zu bekämpfen, projizieren sie häufig ihren Ärger auf Menschen, die ihnen helfen wollen. Beispielsweise bitten sie um Hilfe, weisen aber jeden Vorschlag mit einem »Aber das geht doch gar nicht« zurück. Auf diese Weise machen sie nicht nur sich selber hilflos, sondern auch ihre potenziellen Helfer.

Überängstliche Kinder

Es gibt Kinder, die viel Zeit und Kraft darauf verwenden, ihre eigene Vergangenheit zu analysieren, und deshalb unfähig sind, ihre Gegenwart in den Griff zu bekommen. Sie versuchen mit ihren Problemen dadurch fertig zu werden, dass sie sie nicht an sich herankommen lassen, und betrachten ihre Welt zunehmend mit Misstrauen und Feindseligkeit. Überängstliche Kinder beginnen häufig das Leben als eine Folge von bedrohlichen Überraschungen zu erleben, die schmerzhafte Konsequenzen für sie selber haben und denen sie sich hilflos ausgesetzt sehen. Sie fürchten, dass alle neuen Beziehungen scheitern werden, sie hassen Veränderung und fürchten sich vor unbekannten neuen Situationen, Orten und Gegenständen. Sie verbieten sich selber jegliche Spontaneität, weil sie glauben, sie sei zu risikoreich. Sie sehen sich selber als Feiglinge und Versager, besonders wenn ihre Altersgenossen sie belächeln oder verhöhnen, weil sie mehr und mehr aus deren Normen herausfallen. Eines dieser Kinder hat mir einmal auf die Frage, was für ein Tier es gern sein würde, geantwortet: »Also, ich möchte auf keinen Fall ein Stier sein, weil sie mich dann in einem Stierkampf töten würden. Und natürlich möchte ich auch kein Schwein sein, weil ich dann als Schnitzel in einer Tiefkühltruhe lande. Und ich möchte auch kein Käfer sein, weil mich dann jemand zertreten würde. Aber ich möchte auch kein Vogel sein, weil mich dann ein Freizeitjäger erschießen würde. Aber wie wäre es mit einer Eidechse – leben die nicht sehr lange und ohne Feinde? Ja, ich denke, ich möchte eine Eidechse sein, eine Eidechse, die ihre Farbe wechselt – also ein Chamäleon, weil ich mich dann verstecken könnte. Keiner würde mich wahrnehmen und niemand könnte mich verletzen.«

Wie man mit überängstlichen Kindern arbeiten kann

Es geht in diesem Teil meines Buches um Kinder, die Kontrollprobleme haben. Entweder sie wollen dauernd alles unter Kontrolle bringen, oder sie fühlen sich unfähig, ihr Leben selber zu bestimmen, und haben die Kontrolle darüber in fremde Hände gegeben. Bei diesen Kindern wäre es hilfreich, wenn sie anerkennen könnten, dass sie zwar nicht andere Menschen unter Kontrolle bringen können, dass sie aber genügend Kräfte haben, um sich selber zu kontrollieren und ihre eigenen Reaktionen in den Griff zu bekommen. Wenn ihnen die Möglichkeit gegeben wird, eigene Entscheidungen zu treffen und die Macht über zunehmende Teile ihres Lebens zurückzugewinnen, dann ist es für solche Kinder oftmals leichter, Autoritäten auf anderen Gebieten zu akzeptieren. Erziehende sollten dann zwar einerseits deutliche Grenzen ziehen, andererseits aber Wahlfreiheit zulassen. Es gibt beispielsweise oppositionelle Kinder, die aufblühen, wenn ihnen Alternativen eröffnet werden, die sie nicht erst in einem Machtkampf ertrotzen müssen.

Ich gebe ein Beispiel:

»Du musst deine Hausarbeit machen. Ich kann dir nicht gestatten, dir morgen das Fußballspiel anzusehen, wenn du das nicht tust. Aber du kannst entscheiden, ob du die Hausarbeit jetzt machen willst, also vor dem Spiel, oder morgen, statt des Spieles.« Auf der anderen Seite kann man auch durch kleine Alternativen eine notwendige Entscheidung leichter machen. Da ist beispielsweise ein Kind, das um keinen Preis jetzt schon den Kindergeburtstag verlassen will. Aber der Vater hat entschieden, dass es höchste Zeit sei, zu gehen: »Ich weiß, du möchtest noch hier bleiben. Aber das geht nicht und du hast nicht diese Wahl. Aber du hast die Wahl, zu entscheiden, wie du zu unserem Auto kommen willst. Willst du laufen, willst du hüpfen oder soll ich dich tragen?«

Notwendige, aber schmerzliche Entscheidungen kann man nicht eigentlich »versüßen«. Aber man kann das Selbstbewusstsein von Kindern dadurch aufbauen, dass man die Art und Weise bemerkt und lobt, wie sie mit Aufgaben fertig werden, die ihnen alles andere als angenehm sind: »Ich weiß, du hast es nicht gern gemacht. Deshalb finde ich es doppelt gut, wie schnell und fehlerfrei es dir von der Hand gegangen ist.«

Kinder müssen die Möglichkeit haben, ihre Fähigkeit zur Selbstbestimmung zu trainieren und wertzuschätzen. Eltern und Erzieher übersehen manchmal die positiven Aspekte des Bedürfnisses von Kindern, sich selber zu bestimmen – und das heißt auch manchmal, sich gegen eine Anweisung von Erwachsenen durchzusetzen. Anders ausgedrückt: Wir Erwachsenen übersehen manchmal die positiven Aspekte der Fähigkeit von Kindern, »Nein« zu sagen. In Beratungsgesprächen können wir versuchen, Verständnis für das kindliche Bedürfnis nach Selbstkontrolle zu wecken. Ich erinnere mich an ein Beratungsgespräch mit einem Ehepaar und der 11-jährigen Tochter: »Also, was Sie mir letzte Woche erzählt haben und was ich gestern von Ihnen hörte, das alles klingt so, als ob Kati wirklich gut ist im ›Nein-Sagen‹.« Zu Kati gewandt: »Kati, ich hab gehört, wie du zu jedem Vorschlag deines Vaters ›Nein‹ gesagt hast.« Kati wirft ihrem Vater einen triumphierenden Blick zu, während er erleichtert zu sein scheint, dass die Beraterin das Problem versteht, das er hat, wenn er seiner Tochter eine verbindliche Anweisung geben will. Aber die Beraterin wählt einen Zwischenweg. Zum Vater gewendet sagt sie: »Also die Fähigkeit Katis zum Nein-Sagen sollten wir respektieren. Stellen Sie sich vor, dass Kati 13 oder 14 Jahre alt ist und dann immer noch nicht ›Nein‹ sagen kann!« Und zu Kati gewendet: »Aber die Art und Weise, wie ›Nein‹ gesagt wird, braucht offensichtlich noch einen Feinschliff.« Und zu beiden gewandt: »Was wir jetzt noch zu tun haben, ist, einen Weg zu finden, wie wir Katis Power beim

›Nein‹ nutzen, um sie auf Gegenstände zu richten, die der Zurückweisung wert sind.«

Dabei ist es Beratern selbstverständlich wichtig, zu verstehen, welche Form von Selbstbestimmung Kindern in einer bestimmten Familie zugestanden wird. Ist es einem Kind erlaubt, sich eigene Gedanken zu machen? Eigene Entscheidungen zu treffen? Nicht mit den Eltern übereinzustimmen? Den Eltern zu widersprechen? Welche Regeln dürfen in einer Familie neu verhandelt werden und welche Regeln gelten ohne Diskussion? Haben sich die Familienmitglieder in eine Situation verrannt, weil die Erwachsenen vom Kampf mit den Kindern erschöpft sind? Sieht der Vater jeden Versuch des Kindes, sich einen autonomen Bereich zu reservieren, als angemessen an und als Herausforderung oder als einen Machtkampf, den man um jeden Preis gewinnen muss? Es gibt Kinder, die Schwierigkeiten haben, Grenzen zu akzeptieren, die von Erwachsenen gesetzt worden sind, während sie Grenzen, die andere Kinder ihnen setzen, akzeptieren. Man muss ihnen zeigen, dass sie damit ein Stück Kontrolle über sich selbst aufgeben, wenn sie sich Gleichaltrigen beugen.

Da ist Thomas. Er hat offensichtlich widerstrebend etwas getan, was seine Mutter verboten hatte, das zu tun aber seine Spielkameraden für eine Mutprobe hielten.

Berater: »Also, deine Mutter hatte gesagt, du solltest nicht in diesem verlassenen Bürogebäude spielen, aber du hast es mit Leo dennoch getan. Ich möchte gern wissen, warum du es dennoch getan hast, obwohl du wusstest, dass deine Mutter es verboten hat.«
Thomas: »Leo hat gesagt, wir sollten es machen!«
Berater: »Wie hat er das gemacht? Hat er dich gepackt und unter die Arme geklemmt und in das Bürohaus geschleppt?«
Thomas: »Nein, er hat mich einfach ›Feigling‹ genannt.«
Berater: »Er hat dich Feigling genannt und dann bist du mitgegangen?«

Thomas: »Ja!«
Berater: »Funktioniert das immer so? Kann dich jeder dazu bringen, zu tun, was er will, wenn er dich einfach nur ›Feigling‹ nennt? Ich höre, wie du Ja sagst. Aber ich sehe gleichzeitig, wie deine Schultern sagen, dass du dir nicht so sicher bist. Lass uns die Sache mal weiterverfolgen. Was ist, wenn deine ältere Schwester mit dem Abwasch an der Reihe ist, ihn aber nicht machen will und deshalb mit dem Finger schnipst und zu dir sagt: ›Thomas, du willst wohl heute Abend den Abwasch nicht machen! Ich hätte nicht gedacht, dass du so ein Feigling bist! Feigling! Feigling!‹ Thomas, dann würdest du also den Abwasch machen?«
Thomas: »Ach wo!«
Berater: »Du bist also gar kein Feigling. Du kannst offensichtlich sehr gut unterscheiden zwischen dem Leo, der das zu dir sagt, und deiner Schwester, die das Gleiche tut. Vielleicht sollten wir das Nein-Sagen noch ein bisschen üben. Denn im ›Nein‹ steckt eine Menge Kraft, die überhaupt nichts mit Feigheit zu tun hat!«

Auf der anderen Seite kann das Nein-Sagen aber auch zu einer Art Dauerhaltung führen: »Jan, ich höre, wie du im Augenblick zu fast allen Dingen ›Nein‹ sagst, die dir über den Weg laufen. Du sagst ›Nein‹ zu den Regeln, die zu Hause aufgestellt worden sind, du sagst ›Nein‹ zur Schule, du willst dich offensichtlich nicht mit dem Gedanken befassen, dir einen Ausbildungsplatz zu suchen. Ich glaube, ich weiß jetzt, was du nicht willst; das macht mich neugierig auf die Sachen, die du willst! Wenn du jetzt einen Plan für deine nächste Zukunft machen würdest, was wären die Dinge, zu denen du ›Ja‹ sagst?«

Wenn wir mit Jugendlichen arbeiten, die ihre Kontrollfähigkeit dadurch erproben, dass sie immer wieder »Nein« sagen, stoßen wir gelegentlich auf Schwierigkeiten, weil wir bemerken müssen, dass offensichtlich unter ihrem abweisenden, oppositionellen, reaktiven Äußeren eine zutiefst depressive Haltung liegt, die sie unfähig macht, zu gewinnen. In manchen Fällen – nicht in allen – reagieren solche Jugendlichen positiv auf Berater, die ihnen mit Verständnis und Respekt begegnen, die sensibel für ihr Dilemma sind und willens, auf sie zu hören, wobei es klar sein muss, dass sie auch wirklich zu den Entscheidungen stehen, die sie einmal getroffen haben. Der immer wiederholte Satz »Das kratzt mich nicht!« hilft uns manchmal, darauf zu kommen, dass es häufig die angegriffene Selbstachtung dieser jungen Leute ist, die ihnen diktiert, keine Ansprüche an sich herankommen zu lassen – auch keine eigenen. Wenn wir mit einiger Geduld und viel Respekt bereit sind, ihnen zuzuhören, können wir in dem einen oder dem anderen Fall zu der Erkenntnis finden, dass es sich lohnt, ihnen zu helfen, Dinge an sich herankommen zu lassen, überlegte Entscheidungen zu treffen und mit sich selber wieder ins Reine zu kommen. Kinder sind häufig ansprechbar, wenn Erwachsene ihre Anstrengungen in dieser Richtung wahrnehmen und hervorheben und sie nicht für schwach, sondern für kompetent halten: »Ich finde es gut, wie du damit umgehst und wie du dafür sorgst, dass du nicht wieder in Schwierigkeiten kommst«, »Was du gemacht hast, das war eine gute Wahl«.

Überängstliche Kinder brauchen Hilfe, damit sie wieder daran glauben können, dass sie kompetent sind und gut funktionieren. Wenn Kinder über ihre Ängste und über ihre Bedenken sprechen, sollten wir als Erwachsene konzentriert zuhören und konkrete Informationen geben, um diesen Ängsten entgegenzuwirken – wir sollten sie also nicht mit einer Handbewegung beiseite wischen. Und wir sollten immer beachten, dass es falsch wäre, unsere »Hilfe« so zu verstehen, dass wir Kindern Sachen aus der Hand nehmen, wenn sie nicht gleich eine adäquate Lösung finden. Wir sollten überhaupt viel geduldiger sein, viel genauer beobachten und viel besser zuhören, ehe wir selber helfend in Aktion treten.

Brigitte war den Tränen nahe, als sie merkte, wie schwierig es war, eine bestimmte Matheaufgabe zu lösen. Gleichzeitig attackierte sie ihre Mutter, die versuchte ihr zu helfen, wegen deren »falscher Hilfe«. Sie war außerstande, die komplexe Aufgabe in einzelne, kleine Schritte zu zerlegen. Und andererseits überwältigte sie die perfekte Hilfe, welche ihre Mutter ihr leistete, die offensichtlich den vollen Durchblick hatte. Als die Mutter fragte, wie sie denn »richtig« helfen könne, antwortete Brigitte: »Du solltest warten, bis ich gezeigt habe, was ich schon kann, und mir erst dann weiterhelfen, wenn ich stecken geblieben bin!«

Es ist deshalb immer besser, zu warten, bis ein Kind nicht weiterweiß, und erst dann zu fragen: »Wo hängt es denn?« Wenn das Kind darauf keine Antwort weiß, könnte man weiterfragen: »Zeig mir, was du schon alles versucht hast.«

Das gilt auch für Notfälle. Allerdings sollten da bestimmte Routinen immer wieder trainiert und geübt werden. Welches der Polizeiruf ist, wie man die Feuerwehr erreicht oder wohin man sich wendet, wenn man sich verlaufen hat.

Erwachsener: »Was würdest du machen, wenn wir uns im Supermarkt aus den Augen verloren haben?«
Kind: »Ich würde dorthin gehen, wo der ›I-Punkt‹ ausgeschildert ist – oder ich würde eine Kassiererin fragen.«
Erwachsener: »Was würdest du machen, wenn du aus der Schule nach Hause kommst und ich bin noch nicht da?«
Kind: »Ich würde zur Frau Schröder gehen, die zwei Stockwerke über uns wohnt und einen Zettel an unsere Wohnungstür heften.«

Eines ist dabei besonders wichtig: Kinder in Schwierigkeiten, Kinder, die trauern, und Kinder, die im Moment noch keinen Ausweg wissen, sollten lernen, dass es nicht notwendig ist, dass sie sich als völlig hilflose Wesen darstellen, jammern und weinen, damit Erwachsene ihnen helfen, sondern dass sie sich als kompetente Wesen darstellen, die nur im Augenblick ein paar Schwierigkeiten haben und deshalb um eine vergleichsweise konkrete und zeitlich begrenzte Hilfe bitten.

6. Wir blicken mit den Kindern zurück, wir bewegen uns weiter

Wenn Kinder ebenso wie Erwachsene von nahen Personen durch Tod, Scheidung oder Trennung verlassen werden, haben sie in vielen Fällen ein drängendes Bedürfnis, sich zu erinnern und zu verstehen, was mit ihnen geschehen ist, wie es geschah und vor allem warum es geschah. Wir alle wollen wieder Ordnung in unseren Lebenslauf bringen und uns gegen drohende künftige Verluste und Trennungen wappnen. Eine solche Erinnerungsarbeit dauert manchmal Jahre. Vor allem zeigen Kinder in den unterschiedlichen Entwicklungsphasen immer wieder erneut das Bedürfnis, sich an Verlust und Trennung zu erinnern und an die Gefühle, die sie dabei hatten. Bei dieser Wiedererinnerungsarbeit senden sie manchmal Signale aus, die bedeuten, dass sie Hilfe brauchen. Eltern und andere Erziehende übersehen manchmal diese Signale, vielleicht weil sie selber noch betäubt von den erlittenen Schicksalsschlägen sind und deshalb keine Energie mehr haben, ihren Kindern in deren Trauer, Wut, Angst und Ambivalenz beizustehen. Vielleicht sind ihnen auch die Kinder als Folge des Verlustes abhanden gekommen. Oder die Kinder haben ein Entwicklungsalter erreicht, wo wir glauben, dass eine solche Unterstützung ihrer Erinnerungsarbeit nicht mehr notwendig wäre.

Als Erwachsene erinnern wir uns immer wieder einmal an bestimmte Szenen oder Ereignisse in unserer Vergangenheit; wir prüfen unser Gedächtnis und suchen dabei Fakten von Phantasien zu trennen. Manchmal reisen wir auch zu den Orten unserer Vergangenheit, wir schauen, ob die alte Schule noch steht, und wir besuchen Treffen mit alten Klassenkameraden. Wir stöbern in Familienerinnerungen und erzählen uns gegenseitig Geschichten über unsere Eltern und Geschwister. Wir nehmen unsere Ehemänner und Ehefrauen mit zu Orten unserer Kindheit und blättern in alten Fotoalben. Wir riechen dann wieder die gebohnerten Flure, wir hören das Quietschen der Kreide an der Wandtafel und wundern uns, wie klein uns plötzlich die alte Turnhalle erscheint.

Kinder haben bei solcher Erinnerungsarbeit, die sie ja zu Ereignissen in ihrer Vergangenheit führt, die noch gar nicht so lange zurückliegen, häufig Phantasien, wie anders sich ihr Leben gestalten würde, wenn sie nicht den Vater, die Mutter, die Schwester oder den Bruder verloren hätten. Für Kinder, deren Eltern weiter am Leben, aber emotional nicht mehr erreichbar sind, können Schlüsselerlebnisse die alte Sehnsucht intensivieren, dass die Eltern auf irgendeine Weise wieder an ihrem Leben teilnehmen und ihre Entwicklung unterstützen sollten.

Eine solche Trauerarbeit verläuft häufig spiralförmig. Jahrestage, Ferienzeiten, der Wechsel vom Sommer zum Herbst und vom Winter zum Frühjahr, Familientreffen oder der Besuch vertrauter Orte, an denen man gelebt hat, machen die alten Gefühle von Trauer und Verlassenheit wieder lebendig. Hinzu kommen Anlässe, die wir in unserem Lebenslauf rituell installiert haben: die Kommunion, die Konfirmation, die Jugendweihe, den 18. und den 21. Geburtstag, das Ende der Schulzeit und der Ausbildung an Fachschulen und Hochschulen.

Bowlby hat in seiner Forschungsarbeit eine Reihe von Situationen identifiziert, welche die spiralförmige Wiederkehr von Erinnerungen an erlittene Verluste auslösen können:

– Der Jahrestag des Todes einer geliebten Person oder auch der Trennung von ihr, wenn dieses Ereignis bisher nicht vollständig verarbeitet worden ist. Dies ist oftmals der Fall bei älteren Kindern, die plötzlich wieder Trauer tragen, nachdem sie etwa ein Jahr in ihren neuen Pflege- oder Adoptionsfamilien gelebt haben.
– Ein neuer Verlust, selbst wenn er nicht die Tragweite der vor-

her erlittenen Verluste besitzt. Das kann besonders der Fall sein, wenn Kinder und Jugendliche nacheinander eine Reihe von weitere Verlusten verarbeiten mussten – Verluste von Freunden, Verluste von geliebten Lehrern, von Partnerinnen und Partnern, mit denen sie eine erste Liebe verbunden hat, Verlust ihrer Unschuld, Verluste von Selbstständigkeit in Zeiten, in denen sie gerade in besonderer Weise gefordert wurde.
– Geburtstage, an denen sie das gleiche Alter erreicht haben wie ihre verstorbenen Eltern.
– Der Verlust eines Menschen, mit dem wir uns hochgradig identifizieren und für den wir uns umfassend verantwortlich gefühlt haben.

Ich kenne einen jungen Mann, dessen Vater bei einem Betriebsunfall schwer verletzt worden war, als der Junge vier Jahre alt war. Im Alter von acht Jahren besuchte der Junge mit seiner Schulklasse eine Feuerwache, in der er auch in einen geparkten Krankenwagen einsteigen durfte. In diesem Krankenwagen wurde er ohnmächtig. Offensichtlich hatte er den Tod seines Vaters mit dessen Transport in einem Krankenwagen verbunden. Man hatte ihm berichtet, dass sein Vater nach dem Unfall auf der Fahrt ins Krankenhaus gestorben sei. »Sie hatten nichts mehr machen können. Sie schoben ihn in den Krankenwagen, und als er im Krankenhaus ankam, war er tot.«

Grundschullehrerinnen müssen besonders sorgfältig darauf achten, wenn sie ihrer Klasse zum Beispiel die Aufgabe geben, ein Bild ihrer Familie zu malen. Dann müssen einzelne Kinder entscheiden, ob sie geschiedene Eltern oder verstorbene Geschwister mit auf das Bild bringen sollen. Tun sie es, so fürchten sie die bohrenden Fragen ihrer Klassenkameraden. Tun sie es nicht, so beleben sie erneut die Gefühle des Verlustes, den sie erlitten haben. Selbst die einfache Frage: »Wie viele Kinder gibt es in deiner Familie?«, bereitet Kindern große Schwierigkeiten, wenn eine Schwester oder ein Bruder gestorben ist. Jeder erlittene Verlust unterbricht die Entwicklung von Selbstwertgefühlen, das Vertrauen in die Kontinuität des Lebens und die Erfahrung, dass die Ereignisse vorausschaubar und sinnvoll sind, die uns begegnen. Gestörtes oder beschädigtes Selbstwertgefühl aber muss immer wieder erneuert werden. Dabei könnten befriedigende Antworten auf die folgenden Fragen eine Rolle spielen:

1. Warum ist der Verlust eingetreten und warum hat es die Trennung gegeben?
2. Wie hätte ich dieses Geschehen beeinflussen können?
3. Was kann ich jetzt noch tun, um wieder Ordnung in mein Leben zu bringen?
4. Was sage ich zu mir selbst und über mich selbst und meine Fähigkeit, Beziehungen zu anderen Menschen zu unterhalten und in der Zukunft erfolgreich zu sein?

Diese Fragen wirken zunächst sehr abstrakt und müssen deshalb dem Alter und der Situation der Kinder angepasst werden, mit denen wir es zu tun haben. Wichtig dabei ist, dass diese Fragen nicht ein für allemal beantwortet werden können, sondern dass sie immer wieder und besonders in neuen Lebenssituationen auftauchen.

Dies alles sind Aufgaben, die auf Eltern, andere Erziehende, auf Familienberaterinnen und Berater zu anspruchsvoll wirken könnten. Eine gute Hilfe ist es, wenn man zunächst einmal alle Informationen sammelt und aufschreibt, die man in Interviews mit Kindern, Eltern und anderen Erwachsenen gewonnen hat. Anhand dieser Informationen kann man den Lebenslauf der Kinder, um die es geht, chronologisch rekonstruieren und dabei die wichtigsten Stationen ihres Lebens und ihrer Entwicklung, soweit sie bekannt sind, eintragen. Dabei sollte man auch die Umstände beachten, unter denen wesentliche und einschneidende Lebensereignisse stattgefunden haben. Ein solches Material enthält häufig wertvolle Hinweise nicht nur auf die vergangene Verarbeitungsqualität von Trennung und Trauer durch die betroffenen Kinder, sondern auch für mögliche Wiederholungen der damit verbundenen Trauerarbeit in der Zukunft. Denn das Echo der vergangenen Verluste mag im Einzelfall die Trennungsängste, die mit der Erwartung neuer Verluste verbunden sind, reaktivieren.

Ein 14-jähriger Schüler begann dieses neue Schuljahr recht erfolgversprechend. Aber sein Lerneifer und seine Lernleistungen sanken immer am Ende der 5. Unterrichtswoche. Einem neuen Lehrer, dem dies aufgefallen war, antwortete der Junge mit Argumenten, die er selber immer wieder gehört hatte: »Ich bleib einfach nicht bei der Sache«, »Mein Lernverhalten ist unterentwickelt«, »Nach den ersten Wochen fällt mir die Arbeit immer schwerer und ich kann mit dem Tempo der anderen nicht Schritt halten«. Der Lehrer war nachdenklich und antwortete: »Das alles mag stimmen, aber wenn ich mir deine Leistungskurve in den vergangenen Schuljahren anschaue, dann finde ich, dass die kritischen Kommentare der Lehrer vor mir immer zwei Tage nach dem Datum einsetzen, als du zu deinen neuen Adoptiveltern gekommen warst. Es ist, als ob der kleine Junge in dir sagen würde: ›Das habt ihr nun davon, wenn ihr mich in diese neue Familie gebt!‹ Ich frag mich, ob du wohl diesen kleinen, 2 ½ Jahre alten Jungen in dir dazu bringen kannst, eine neue Haltung zur Schule und ihren Leistungsanforderungen zu gewinnen. Ob du es wohl versuchen könntest?«

Und da war Robert, 15 Jahre alt, der vor sechs Jahren von seiner neuen Familie adoptiert worden war. Er zeigte anhaltende Probleme in seinem sozialen Verhalten. Die Adoptiveltern hatten das Gefühl, sie hätten alles versucht, aber das gemeinsame Zusammenleben sei langsam unerträglich geworden. Gesprächstherapeutische Bemühungen sollten herausfinden, ob er wieder in ein Erziehungsheim eingewiesen werden müsse. Der Gesprächstherapeut blätterte in den alten Akten des Jugendamtes und fand eine sehr verschlungene Geschichte. Zusammen mit seiner geliebten jüngeren Schwester war Robert ursprünglich zu einer Pflegefamilie gekommen. Später waren die beiden getrennt worden. Seine Schwester kam zurück zu seiner Mutter, während er noch zwei Jahre bei einer fremden Familie untergebracht war. Aber auch dann kam er nicht wieder nach Hause, sondern in eine neue Familie, die ihn schließlich adoptierte. Die neue Familie versuchte mit ihm seine Lebensgeschichte zu bearbeiten. Sein Verhalten besserte sich, sowohl in der Schule als auch zu Hause, er war stolz auf seine Fortschritte und darauf, dass er sich zunehmend in den Griff bekam. Alle Beteiligten waren erfreut und zufrieden. Dann aber wandten sich die Adoptiveltern wieder Hilfe suchend an das Jugendamt. All die alten Verhaltensweisen – Provokationen, Lügen, passiv-aggressive Handlungsweisen – waren fast über Nacht zurückgekehrt. Die Adoptiveltern waren entsetzt und verzweifelt und baten den Gesprächstherapeuten um erneute Hilfe. Der ging noch einmal seine alten Aufzeichnungen durch, um zu prüfen, ob der Rückfall das mögliche Ergebnis einer an ein bestimmtes Datum gebundenen Rückerinnerung gewesen sei. Oder hatte es jüngst etwas anderes gegeben, das die neuen Schwierigkeiten ausgelöst haben könnte? Das einzig wirklich Neue war aber nur der bevorstehende 16. Geburtstag von Robert. Der Gesprächstherapeut entwickelte bei der Vorbereitung auf sein erneutes Aufnahmegespräch mit Robert eine Reihe von Hypothesen, die er im Gespräch mit Robert auf ihre Wahrscheinlichkeit überprüfte:

Therapeut: »Robert, da gibt es eine Sache, bei der ich mir einigermaßen sicher bin. Wenn jemand wie du sich so gut gehalten hat und so positive Gefühle über sich selber entwickeln konnte, dann muss es etwas wirklich Wichtiges gegeben haben, um ihn wieder in eine Situation zurückzukatapultieren, die er längst überwunden hatte. Ich hab da zwar ein paar Vermutungen, die ich gern mit dir überprüfen möchte. Es könnte ja sein, dass du gerade in einer Phase bist, in der du dich nicht wohl fühlst und in der du eine bestimmte Auszeit brauchst, um dich wieder zu fangen?«
Robert: »Überhaupt nicht! Ich freue mich doch auf meinen Ge-

burtstag und die Geburtstagsparty. Du glaubst doch nicht, dass ich mich in so einer Situation einfach gehen lasse?«

Therapeut: »Das ist ein vernünftiges Argument. Aber was könnte dich zurückgeworfen haben. Wollen wir einmal die verschiedenen Möglichkeiten zusammen prüfen. O.K.?«

Robert: »O.K.«

Therapeut: »O.K., du hast ja deinen Geburtstag erwähnt. So ein Geburtstag ist ja etwas ganz Besonderes. Es gibt Leute, die wünschen sich etwas Besonderes, und sie wissen, dass es zu teuer ist, als dass ihre Eltern es ihnen schenken könnten ... (Robert schüttelte den Kopf) O.K. Das ist es also nicht. Was hast du dir gewünscht?«

Robert: »Ein Mountainbike, und ich glaube, dass meine Eltern gespart haben, um es mir auch zu schenken.«

Therapeut: »Da gibt es eine andere Situation, die in Familien herrscht, wo ein Kind in der Vergangenheit eine Menge Ärger gemacht hat. Da denken die Eltern, dass dieses Kind es nicht verdient hat, dass eine gute Geburtstagsparty ausgerichtet wird. Ist das auch bei euch so?«

Robert: »Nein, ich glaube, das ist nicht so. Meine Eltern sind sehr fair. Sie haben mir zum Geburtstag immer tolle Sachen geschenkt und eine wirklich gute Geburtstagsparty veranstaltet.«

Therapeut: »O.K. Da ist noch etwas anderes. Du wirst dich erinnern, wie wir über den kleinen Jungen in dir selber gesprochen haben, der sich noch immer an die Sachen erinnert, die es früher einmal gegeben hat? Lebt dieser kleine Junge noch? Und wie erinnert er sich an die Geburtstage, die du hattest, bevor du in deine neue Familie gekommen bist?«

Robert: »O ja, ich erinnere mich an meine Geburtstage! Vor allem an den einen Geburtstag in dem Heim, in dem ich war. Die Erzieher hatten alles vorbereitet, um mit mir meinen Geburtstag in der Hütte zu feiern, in der ich damals lebte. Und dann bekam ich einen Anruf von meiner Mutter. Sie kündigte an, dass sie zu dem Geburtstag auf Besuch kommen und mir ein schönes Geschenk auf meine Geburtstagsparty mitbringen würde. Also habe ich mich nach der Schule umgezogen und auf die Treppe vor der Hütte gesetzt, um auf die Mutter zu warten. Und ich hab nach dem Wagen des Sozialarbeiters geschaut und gewartet und geschaut und gewartet. ... Und nach einer Weile habe ich versucht nicht zu weinen. ... Und die anderen Kinder fragten: ›Wo ist deine Mutter? Wo ist deine Mutter?‹ Und ich wusste nicht, was ich sagen sollte. Und nach einer Weile wurden wir zum Abendessen gerufen und ich bekam einen Kuchen. Aber sie ist niemals erschienen. Ich war das einzige Kind in dem Heim, wo die Mutter niemals zum Besuch gekommen ist ...« Robert wischt sich unwillig die Tränen aus dem Gesicht.

Therapeut: »Oh, ich verstehe. Das muss wirklich schlimm gewesen sein. Was hast du innen zu dir selber gesagt?«

Robert: »Das, was ich dann immer sage. Meine Mutter hat es bereut, dass sie mich geboren hat.«

Therapeut (nach einer langen Pause): »Denkst du das noch immer?«

Robert: »Ich weiß es nicht. Können wir nicht von etwas anderem reden? O.K.?«

Therapeut: »O.K. – wenn es das ist, was du willst. Trotzdem habe ich noch einen Wunsch, ich möchte gern, dass du weißt, dass du nicht mehr dieser kleine Junge bist, der auf den Stufen sitzt und der das Gefühl hat, dass es da keine eigene Familie gibt, die glücklich ist, dass er geboren wurde. Du hast hier eine Mutter, die draußen im Wartezimmer sitzt und die dir einen schönen Geburtstag ausrichten möchte. Ich wüsste gern, was du zu dem kleinen Jungen in dir sagen würdest, damit er nicht länger auf einen neuen, schlimmen und enttäuschenden Geburtstag warten muss?«

Robert: »Warte einen Augenblick – glaubst du, dass ich selber ein Teil meines Problems bin?«

Therapeut: »Ich bin nicht sicher. Wie denkst du denn darüber?«

Zu dem folgenden Therapiegespräch brachte Robert seine Adoptivmutter mit. Er sagte in ihrer Gegenwart, dass er sich inzwischen wohl so sehr an einen verdorbenen Geburtstag gewöhnt habe, aber nun alles tun möchte, um das in Zukunft zu verhindern. Und er bat seine Mutter, ihn daran zu erinnern, besser auf sich aufzupassen, wenn er wieder rückfällig werden würde. Und dann wäre da noch etwas: Sein Geburtstag lag nahe am Weihnachtsfest, und er hatte Angst, dass er nun auch das Weihnachtsfest wieder versauen würde. Deshalb bat er sie, darauf zu achten, dass er dies nicht tun würde. Würde sie ihn daran erinnern, wenn er es vergessen würde?

Am Heiligabend bekam der Therapeut einen Anruf von Roberts Mutter: »Wir hatten eben den ersten wunderbaren Weihnachtsabend«, sagte sie unter Tränen. »Vielen Dank für Ihre Hilfe!«

Im Prinzip aber galt einer Familie Dank, die verständnisvoll war, und einem jungen Mann, der beschlossen hatte, besser auf sich Acht zu geben als in der Vergangenheit.

Missverständnisse ausräumen

Wenn Trennungen in einer Familie plötzlich kommen und endgültig sind, ist es wahrscheinlich, dass der abrupte und intensive Verlust zu Missverständnissen führt, die den Prozess der Wiederherstellung von Normalität erschweren.

Markus war 8 Jahre alt. Er hatte schon in verschiedenen Familien gelebt. Als er das erste Mal in meine Sprechstunde kam, bat ich ihn, ein Bild seiner gegenwärtigen Pflegefamilie zu malen, mit der er seit 18 Monaten zusammenlebte. Als er das Bild malte, sagte er spontan: »Das ist die beste Mutti, die ich jemals hatte – mit Ausnahme vielleicht von Chris.« Wer aber war Chris?

Markus: »Sie war die erste Mutter, die mich wirklich geliebt hat.«

Ich: »Woher weißt du das?«

Markus: »Sie ließ mich meinen eigenen Weg gehen und sie weinte, als ich sie verließ.«

Ich: »Warum hast du sie verlassen?«

Markus (unter Tränen): »Ich glaube, sie schaffte es einfach nicht mehr, für mich zu sorgen.«

Ich: »Weißt du, warum?«

Markus: »Nein!«

Ich: »Was haben dir die Leute darüber gesagt?«

Markus: »Niemand hat ein Wort mit mir gesprochen. Die Sozialarbeiterin brachte mich zu ihrem Wagen und dann fuhren wir los.«

Ich machte mir meinen eigenen Gedanken. Was passiert mit einem Kind, das endlich eine dankbare Mutter gefunden hat und dann erfahren muss, dass sie sich aus unbekannten Gründen nicht um ihn kümmern kann? Ist es dann noch vernünftig, darauf zu vertrauen, dass man vom Leben noch einmal etwas anderes, Besseres erwarten kann? Dabei war es für mich von Interesse, dass die Schilderung des Abschieds von der Mutter bei Markus anders geklungen hatte als in der Erzählung der Sozialarbeiterin, die mit mir auch darüber gesprochen hatte. Sie erklärte mir, dass die Unterbrechung des Pflegeverhältnisses zu Chris stattgefunden habe, als Chris sich von ihrem Mann getrennt habe, und dass Chris so lange wie möglich den Versuch gemacht habe, das Kind bei sich zu behalten.

An dem Morgen, bevor Markus abgeholt worden war, hatte die Mutter mit der Sozialarbeiterin telefoniert und Markus hatte gehört, dass Chris gesagt hatte, sie trage sich mit Selbstmordgedanken und wolle ein Krankenhaus aufsuchen. Die Sozialarbeiterin war dann zu Chris nach Hause gekommen und alle drei hatten beraten, was nun geschehen solle.

Diese Beratung wurde am nächsten Tag wiederholt. Als ich

Markus diese Version erzählte, antwortete er spontan: »Oh ja, das ist richtig! Jetzt erinnere ich mich!«

Es gibt in der Tat Kinder, welche die Unangemessenheit ihrer Behandlung durch Dritte übertreiben, um begründen zu können, wie schlecht sie behandelt worden sind und wie ungeliebt sie seien; andere scheinen überhaupt jegliche Informationen über die Trennung von ihrer Familie vergessen zu haben. Vielleicht haben sie auch nur einzelne Teile des Hergangs vergessen oder diese sind ihnen nicht in einer für sie verständlichen Weise mitgeteilt worden. Oder die Kinder waren nicht bereit, diese Nachrichten zu hören oder ihnen zu glauben. Bei solchen Gelegenheiten habe ich beobachten können, dass die erzählenden Kinder aus ihrem normalen Konversationston ausbrechen und in einen Singsang verfallen, der an eine auswendig gelernte Lektion erinnert: »Also wissen Sie, das war so: Mein Vater hat meine Mutter nicht mehr geliebt und beide haben sich dauernd gestritten. Da ist er abgehauen. Jetzt lebt er mit Marla und Tommy und Larissa und das ist seine neue Familie.«

Heranwachsende, die in ständig wechselnden Familienzusammenhängen gelebt haben, reagieren häufig widerspenstig, wenn sie ihre Lebensgeschichte ein weiteres Mal einem fremden Erwachsenen erzählen sollen. Wenn wir dennoch ihre Geschichte brauchen, können wir manchmal ihr Interesse dadurch wecken, dass wir sie bitten, ihre *ganze* Geschichte zu erzählen. Da sagt ein Jugendlicher beispielsweise: »Als ich meine erste Familie verließ, kam ich zu den Thomsons. Dann ging ich dort weg und lebte bei einer alten Dame und ihrem Sohn. Dann …« In einem solchen Fall, unterbreche ich: »Einen Augenblick bitte. Ich möchte gern wissen, wie es angefangen hat. Wann bist du geboren? Wo war das? Weißt du, ob es zu Hause war oder im Krankenhaus? Weißt du noch, wie viel du damals gewogen hast?« Kinder mit einem irgendwie chaotischen Hintergrund haben immer auch ein paar Detailinformationen, die noch niemand von ihnen wissen wollte und auf die sie eigentlich ganz stolz sind. Die Betonung von Teilen ihrer Lebensgeschichte, die nicht mit Schmerzen und schlimmen Erinnerungen verbunden sind, kann manchmal helfen, ihre Aufmerksamkeit zu erregen, und kann eine Brücke zu den Informationen schlagen, die der Berater aus den Akten kennt. Dazu muss der Berater klar machen, dass sein Gesprächspartner ein Recht auf alle Informationen hat, die in der Akte stehen, und dass er dabei auf die Unterstützung des Beraters zählen kann: »Du weißt doch, Rudi, was hier steht, ist *deine* Geschichte und du hast alles Recht, alles zu erfahren, was wir herausfinden konnten!«

Abschied nehmen

Oftmals, wenn Kinder sich von vorübergehenden Sorgeberechtigten verabschieden, geschieht das sehr schnell und sie haben keine Zeit für ein gemeinsames nachdenkliches »Auf Wiedersehen«. Das verfestigt ihre Erfahrung, dass Trennung immer ein abruptes Abschiednehmen ist, ohne die Chance, sich einmal in die Augen zu sehen, sich zu umarmen, sich zu bedanken und sich gegenseitig Glück zu wünschen. Solche schmerzhaften Erfahrungen führen häufig dazu, dass Kinder dauerhaft den engen Kontakt zu Erwachsenen – und später auch zu Gleichaltrigen – vermeiden, weil sie eine abrupte Trennung fürchten, die abschneidet, ohne die Chance des Heilungsprozesses zu eröffnen.

Da war Amalie, die im Alter von 7 Jahren zu einer Stiefmutter kam. Sie achtete streng auf körperliche Distanz zu dieser neuen Mutter, ging ihr aus dem Weg und wies jede Einladung zu gemeinsamem Spiel oder andere Kontakte mit ihrer neuen Mutter zurück. Nach einer Weile entspannte sie sich ein wenig und ließ zu, dass die neue Mutter sie berührte und manchmal sogar mit ihr schmuste. Dennoch behielt sie ihre gemischten Gefühle gegenüber allzu engen Berührungen bei: Ihre Umarmung verwandelte sich schnell in eine Umklammerung, ihr Kuss degenerierte zum Schnappen und Beißen. Solche Verhaltensweisen sind für Erwachsene oft verwirrend. Aber wenn man erst einmal die Gründe hinter diesem Verhalten verstanden hat, kann man verbal und vor allem nichtverbal vermitteln, dass man Kinder auch in solchen Situationen für liebenswert hält, und kann ihnen gleichzeitig jenen Spielraum geben, den sie brauchen, um sich an allzu große Nähe zu gewöhnen. Sobald sie immer wieder und zuverlässig erleben, dass Intimität nicht zu plötzlicher Trennung und Verletzlichkeit führt, können sie mehr und mehr körperliche Nähe zulassen und mit intimen körperlichen Interaktionen beginnen.

Kindern, die niemals die Chance hatten, sich auf befriedigende Weise zu verabschieden und »Auf Wiedersehen« zu sagen, muss man die Chance geben, dies auf ihre Weise zu tun, und darf sich dabei nicht missachtet fühlen. Man kann einen zunächst einmal sehr kühlen und wenig wortreichen Abschied in gewisser Weise auch nachholen, wenn man als Erwachsener einen Brief schreibt, ein Tonband bespricht oder Bilder auf einer DVD zusammenstellt und verschickt. Bitte keine Nachrichten über das Handy. Sie sind zu vergänglich, wirken zu alltäglich und haben keine Chance, sich beim Empfänger dauerhaft einzuprägen. Auf der anderen Seite sollen aber auch Kinder die Möglichkeit haben, von den Erwachsenen, die sie dauerhaft verlassen, auf angemessene Weise Abschied zu nehmen. Die traditionelle Weise, dies zu tun, ist, einen Abschiedsbrief zu schreiben. Wenn der Erwachsene, von dem Kinder Abschied nehmen, gestorben ist, kann der Abschiedsbrief am Grab verlesen werden. Kinder können auch veranlasst werden, ein Bild des Verstorbenen vor sich aufzustellen oder an die Wand zu hängen und mit diesem Bild ein symbolisches Gespräch zu führen. Ein solches Gespräch kann man durch Bemerkungen wie diese anregen: »Als das Zusammenleben mit deinem Vater beendet war, hattest du niemals eine Chance, ihm ›Auf Wiedersehen‹ zu sagen. Du hast eine Menge an ihn gedacht, aber du hast dich nie richtig von ihm verabschiedet. Dieser Abschied bedeutet ja nicht, dass du jemals aufhören wirst, ihn zu lieben; es bedeutet nur, dass du ›Auf Wiedersehen‹ im Hinblick auf die Phase sagst, in der du mit ihm zusammengelebt hast. Wenn du dich jetzt noch einmal von ihm verabschieden könntest, was würdest du ihm dann schreiben oder was würdest du ihm dann sagen?«

Eine solche symbolische Verabschiedung ist natürlich nur dann möglich, wenn Kinder den Prozess der Trauer wirklich abgeschlossen haben und wenn dieses »Auf Wiedersehen« nur ein letzter Schritt ist. Ich habe schon einmal erwähnt, dass für die meisten Erwachsenen dieser Prozess zwei oder drei Jahre dauert, während Kinder mindestens sieben Jahre zur Verarbeitung eines so gravierenden Verlustes brauchen.

Wie man einen Fluch bannt

Es gibt Kinder und Heranwachsende (und selbstverständlich auch Erwachsene), die über Jahre einem Fluch nachhängen, den sie entweder selbst produziert haben oder der von Erziehenden ausgesprochen und häufig mit allen Zeichen der Wut wiederholt worden ist und zu enormen Schwierigkeiten in den Beziehungen der betroffenen Personen geführt hat. Kinder werden von einem solchen Fluch, den Erwachsene ihnen gegenüber ausstoßen, während der Phase ihres magischen Denkens in besonderer Weise getroffen (s. Kapitel 1). Äußerungen, die von Kindern als Fluch wahrgenommen werden, waren häufig eine Folge der Wut Erwachsener: »Du wirst mich noch ins Grab bringen!«, »Du machst mich noch verrückt!«, »Niemals wirst du mit dem Leben fertig werden!«, »Wer würde schon ein Mädchen heiraten, so wie du eine bist!«.

Die beste Art und Weise, einen solchen Fluch zu bannen, wäre natürlich, dass derjenige, der diesen Fluch ausgesprochen hat, ihn zurücknimmt. Manchmal aber muss ein Fluch auf andere Weise gebannt werden.

Ralph, der nach vier Jahren plötzlich seine Pflegefamilie verlassen hatte, kämpfte noch lange Zeit mit seiner Wut und seiner Trauer über seine ehemalige Pflegemutter. Diese aggressiven Gefühle verschwanden mit der Zeit und er begann in der Schule wieder Anschluss an seine Kameraden zu finden und sich mit seinen neuen Pflegeeltern zu befreunden. Aber der Gedanke an seine ehemalige Pflegemutter verfolgte ihn noch immer. Ich schlug ihm deshalb auf einer Beratungssitzung vor, die Ablösung von diesen bedrängenden Erinnerungen spielerisch zu verarbeiten. Ich stellte ein Spieltelefon auf den Tisch und Ralph gab vor, seine Pflegemutter anzurufen.

Ralph: »Hallo! Hier ist Ralph. Spreche ich mit dir, Mama?«
Ich: »Ja, das bin ich.«
Ralph: »Ich wollte dir nur sagen, dass es mir Leid tut, was damals passiert ist, als wir uns trennten. Und ich wollte dir sagen, dass ich inzwischen eine andere Familie gefunden habe und dass ich O.K. bin.«
Ich: »Das höre ich gern. Ich hab immer an dich gedacht und mich gefragt, wie es dir geht. Ich hab gedacht, dass es dir gut gehen würde, weil du ja die meiste Zeit ein guter Junge gewesen bist, mit Ausnahme der Zeit, in der du verrückt gespielt hast. Ich hoffe, dass es dir bei den neuen Eltern gut geht. Du hast es verdient. Ich hoffe, du hast es dort gut!?«
Ralph: »Oh ja, es ist gut hier!«
Ich: »Das höre ich gern.«
Ralph: »Das war es, was ich dir sagen wollte.«
Ich: »O.K. Auf Wiedersehen!«
Ralph: »Auf Wiedersehen!«

Bei Rudi habe ich eine andere Strategie verfolgt. Während einer spieltherapeutischen Sitzung baute er ein Haus aus Holzklötzen, das von einer Puppe bewohnt wurde, die eine Mutter darstellen sollte, und dann Puppen, die Kinder darstellten. Das bezog sich auf Rudis persönliche Geschichte: Er war eine Frühgeburt und er wurde später vom Jugendamt wegen elterlichen Missbrauchs und elterlicher Verwahrlosung in Obhut genommen. Aber gleichzeitig, als seine Mutter seiner Unterbringung bei anderen zustimmte, behielt sie ihre drei Töchter bei sich und versorgte sie zuverlässig. Aber noch nach vier Jahren, in denen Rudi in einer neuen, sehr sensiblen und ihn unterstützenden Familie lebte, kämpfte er mit der Erinnerung, dass seine ursprüngliche Mutter ihn als wertlos weggeworfen habe, während sie seine drei Schwestern behielt. Als wir unser Spiel spielten, bewegte Rudi die Puppe eines kleinen Jungen hinter die Tür des Hauses, das er gebaut hatte. Er ließ den Jungen anklopfen und »Hallo!« sagen. »Wer ist draußen?«, fragte die Mutterpuppe. »Ich bin es, dein kleiner Junge Rudi!«, antwortete der echte Rudi. »Rudi – wer?«, fragte die Mutterpuppe und warf ihm die Türe vor der Nase zu. Ich habe dann gesagt: »Das mag manchmal so laufen. Aber es gibt auch noch andere Möglichkeiten.« Dann habe ich Rudis Puppe in die Hand genommen und sie noch mal an die Tür klopfen lassen: »Hallo! Ich bin dein kleiner Junge Rudi!« Und dann habe ich als die Mutterpuppe geantwortet: »Oh, Rudi! Du bist ja unheimlich groß geworden! Ich hab offensichtlich eine gute Hand gehabt, dir eine neue Familie mit einer neuen Mutter zu suchen, die es wirklich versteht, mit Jungen umzugehen. Das war nicht leicht für mich! Ich bin jetzt wirklich sehr erleichtert, dass du das bekommen hast, was du so dringend brauchtest! Auf Wiedersehen!« Rudis Gesicht war nachdenklich geworden. In den nächsten 14 Tagen zeigte er weniger provokatives Verhalten und die Gespanntheit seines Körpers und seiner Rede nahm ab.

Wünsche und Phantasien

Es gibt Kinder, die sich an Wünsche gebunden haben, die sie abwesenden Erwachsenen entgegengebracht haben. Solche folgenreichen Wünsche, die manchen Heranwachsenden bis in das Erwachsenenalter folgen, werden nicht nur auf Erwachsene projiziert, die gestorben sind oder die uns verlassen haben, sondern auch auf solche Erwachsene, die sich in den Augen ihrer Kinder unfähig zeigten, diese Wünsche zu erfüllen. Solche Wünsche sind häufig mit einer besonderen Geschichte verbunden und sie werden reaktiviert, wenn die betreffenden Kinder sich allein und einsam fühlen oder wenn sie glauben, dass das Leben ungerecht mit ihnen umspringt. Ich habe in meiner eigenen Praxis die folgende Geschichte als hilfreich erlebt, um unerfüllte Wünsche von Kindern abzuklären und gleichzeitig die Unmöglichkeit dieser Wünsche oder ihrer Realisierung zu thematisieren.

»Kati, als Hausaufgabe möchte ich, dass du mir die folgende Geschichte, die ich jeweils angefangen, aber nicht beendet habe, in deinen eigenen Worten und mit deinen eigenen Gedanken zu Ende bringst. Am nächsten Montag sehen wir uns wieder. O.K.?«

Die angefangene Geschichte aber lautete: »Es war einmal eine Zeit, da lebte ein kleines Mädchen, das wünschte sich sehnlich, dass ihre Mutter/ihr Vater/beide ... (bitte ausfüllen). Sehnlich wünschte sie es, denn es war gut für sie, weil ... (ausfüllen). Sie tat alles, um ihre Mutter/ihren Vater/beide dazu zu bringen, ihr diese Wünsche zu erfüllen. Aber ohne Erfolg. Deshalb hat sich das kleine Mädchen jetzt entschieden, das, was es so sehnlich wünscht, dadurch zu bekommen, dass es ... (ausfüllen).«

Und die 12-jährige Kati füllte den Fragebogen auf folgende Weise auf: »Vor langer, langer Zeit war einmal ein kleines Mädchen, das nichts sehnlicher wünschte, als dass ihre Mutter und ihr Vater gut miteinander umgehen konnten und dass sie beide ein Herz für Kinder hätten. Sie wünschte sich sehnlich, dass ihr Vater ihr zuhören würde bei allem, was sie dachte, und dass ihre Mutter sie neue Dinge lehren würde, ohne dabei ängstlich zu sein. Es wäre gut für sie gewesen, weil sie dann hätte lernen können, mit sich selber sicher zu sein wie andere Kinder. Aber stattdessen bekam sie einen Vater, der viel zu beschäftigt und zu wichtig war, um irgendjemandem zuhören zu können, und eine Mutter, die viel zu ängstlich war, neue Dinge auszuprobieren, und die niemals etwas anderes wollte, als ihren Mann glücklich zu machen, und die deshalb keine Zeit hatte, Kati irgendetwas beizubringen. Das war schlimm für Kati, weil sie dachte, dass die Ideen, die sie selber hatte, blöde Ideen wären und dass sie niemals in der Lage sein würde, Freunde zu gewinnen und Sachen perfekt zu machen, so wie andere Kinder. Am Ende haben sich ihre Mutter und ihr Vater scheiden lassen und nun wurde es wirklich schlimm. Kati verletzte sich selber und musste ins Krankenhaus gebracht werden. Sie sprach mit ihrer Mutter und mit ihrem Vater über die Entwicklung der Dinge und beide versprachen ihr, dass sich alles bessern würde. Aber wirklich geändert hat sich nichts. Jetzt hat Kati sich entschieden, dass ihre Mutter und ihr Vater eben so sind, wie sie sind, und dass sich daran nichts ändern wird. Aber vielleicht kann Kati andere Leute finden, die ihr zuhören. Vielleicht kann sie andere Erwachsene finden, die sie das lehren können, was ihre Eltern offensichtlich nicht lehren können. Sie ist durch diese Entscheidung besser in der Lage, neue Freunde zu gewinnen, die ihre Ideen teilen. Sie versucht nun selber neue Dinge auszuprobieren und findet dabei neue Leute, die nett zu ihr sind und ihr helfen, auch wenn sie immer noch lernt. Kati hat sich nun entschieden, die zu sein, die sie werden wollte, und sie glaubt, dass sie nun auch die Kraft hat, sich selber ein glückliches Leben zu verschaffen.«

Aber Kinder müssen sich auch mit der Tatsache auseinander setzen, dass es in ihrem Leben Bereiche gibt, die zu gestalten oder zu verändern sie keine Möglichkeiten haben. Welchem Erwachsenen das Sorgerecht zugesprochen wird, ist außerhalb ihrer Kontrolle. Auch die Möglichkeit, wieder bei den angestammten Eltern zu wohnen, entzieht sich häufig ihrer Einflussnahme. Wenn sie sich so mit ihrer Einflusslosigkeit in bestimmten Bereichen konfrontieren, erscheinen sie sich selber gegenüber häufig als schwach und hilflos. Auf der anderen Seite gibt es eine Menge empirischer Sozialforscher, welche die Tatsache betonen, dass Kinder zunehmend Möglichkeiten haben, zu denken, zu fühlen, Probleme zu lösen, eine gute Arbeit zu verrichten und gute Entscheidungen zu treffen. Professionelle Berater sollten sich dieses Spagats bewusst sein, der darin besteht, dass sie einerseits Kinder ermutigen sollen, Phantasien über ihr künftiges Leben zu entwickeln, gleichzeitig aber auch die Begrenzung der Realisierbarkeit dieser Phantasien im Auge zu haben.

Richard ist bei Pflegeeltern untergebracht worden, als er vier Jahre war und als seine alkoholisierten Eltern sich offensichtlich nicht länger um ihn kümmern konnten. Ich bin ihm begegnet, als er sieben Jahre alt war und immer noch mit seinen Wünschen rang, zu den Eltern zurückzukehren.

»Ich bin jetzt älter«, sagte er. »Ich kann für mich selber sorgen.« »Da hast du schon teilweise Recht«, antwortete ich. »Aber was würdest du machen, wenn keiner in der Lage wäre, zu arbeiten und Geld zu verdienen, um für deine Ernährung zu sorgen, für den Strom und für die Wärme im Winter?« »Ich würde mir halt Arbeit suchen.« An dieser Stelle müsste Richard mit der Tatsache konfrontiert werden, dass er die Aufgabe habe, zur Schule zu gehen und dass dies seine »Arbeit« sei – für die es allerdings keine Bezahlung gebe. Aber ein solcher Hinweis würde Richards Phantasien lediglich in den Untergrund verbannt haben. Besser wäre es vielleicht, wenn eine Beraterin der gedanklichen Linie von Richard folgen würde:

Beraterin: »Das ist eine interessante Idee. Glaubst du, dass du Arbeit finden würdest und gleichzeitig zu Hause bleiben könntest – was denkst du darüber?«
Richard: »Ja!«
Beraterin: »Lass es uns mal durchspielen. Da bist du also schon ein richtig großer Kerl, ungefähr so groß (zeigt die Größe mit den Händen). Du wachst am Morgen auf und du bist hungrig. Aber du findest nichts zu essen. Deine Eltern schlafen noch. Du bist zu müde, um hungrig zu sein, und deswegen entscheidest du dich, Arbeit zu suchen. Du suchst also deine Kleidung – aber was, glaubst du, wirst du anziehen?«
Richard: »Ich zieh meinen roten Overall an!«

Beraterin: »Das klingt gut, Richard. Aber mal ernsthaft: Hast du eine Ahnung, wie du ihn zuknöpfen kannst, wenn du vier Jahre alt bist? O.K., jetzt zu deinen Schuhen. Was ist damit, wenn du vier Jahre alt bist? Kannst du selber die Schleifen binden? O.K., lass uns jetzt zusammen auf die Straße gehen. Ihr wohnt an einer ziemlich befahrenen Straße. Wir sollten sie deshalb erst an der Ecke überqueren, wo es eine Ampel gibt. Und während wir an der Ampel auf das grüne Signal warten, wollen wir darüber sprechen, um welche Art von Arbeit es sich handeln könnte, die dir das Geld verschafft, das du brauchst, um dich am Leben zu erhalten.«

Richard hat mit seinen 9 Jahren über all diese Fragen nachgedacht und ist zu der Entscheidung gekommen, dass er in einer Tankstelle oder beim Austragen von Brötchen in einer Bäckerei würde helfen können.

Beraterin: »O.K., jetzt haben wir grünes Licht und da drüben ist eine Tankstelle. Frag doch einmal mal den Mann nach einer Arbeit für dich?«

Richard: »Hallo, ich suche Arbeit. Haben Sie Arbeit für mich?«

Beraterin (spielt den Mann an der Tankstelle): »Das ist ja toll! Ich brauche wirklich jemanden, der mir hilft. Das klingt gut, Richard. Aber warte einen Augenblick. Hier kommt ein Erwachsener, der auch auf Jobsuche ist. Es tut mir Leid, Junge, aber ich denke, du bist noch zu klein, um an die Windschutzscheibe zu kommen und sie zu waschen.«

Richard: »Ich könnte einfach einen Schemel nehmen, um zur Windschutzscheibe hochzureichen.«

Beraterin: »Ich bin sicher, du könntest das schaffen. Aber selbst wenn ich dich anstellen wollte, so dürfte ich das nicht. Es gibt nämlich in unserem Lande ein Gesetz, das sagt, dass Kinder in deinem Alter zu Schule gehen müssen und deshalb keine bezahlte Arbeit annehmen dürfen.«

Richard: »Ich hasse solche Gesetze.«

Beraterin: »Ich verstehe dich. Aber was kannst du dagegen machen? Es kann sein, dass du dich politisch dagegen wenden kannst, wenn du erwachsen bist und wählen darfst. Aber im Augenblick bist du offensichtlich in einer Klemme.«

Indem die Beraterin sich auf Richards Phantasien einlässt, die zu der Frage führen: »Aber was kann ich denn dagegen machen?«, zeigt sie ihrem Gesprächspartner, dass sein Wunsch unrealistisch war, aber sie hilft ihm gleichzeitig, seine Selbstachtung zu erhalten. Und sie deutet zumindest an, dass er eines Tages in der Lage sein wird, jenes Gesetz zu ändern, das ihm im Augenblick noch verbietet, bezahlte Arbeit anzunehmen. Wenn er selber kleine Kinder hätte, würde er vielleicht die Sinnhaftigkeit dieses Gesetzes begreifen.

Schlusswort

Wenn man mit Kindern arbeitet, die sich in einer Phase tiefgreifender Trauer befinden, gibt es möglicherweise keinen Schlusspunkt, an dem man sagen könnte, dass diese Kinder ihre aktive Trauer in eine gut integrierte Trauererfahrung verwandelt haben. Man nimmt bestimmte Meilensteine innerhalb des Gesundungsprozesses oder das Ausbleiben von außergewöhnlichen Veränderungen wahr, eine stetige positive Entwicklung, die dazu führt, dass das betreffende Kind wieder normal funktioniert. Die ursprüngliche Aufgabe, die so überwältigend und verwirrend erschien, hat sich in einen logischen und verständlichen Prozess verwandelt. Als erwachsene Begleiter dieses Prozesses fühlen wir uns nun sicherer und zuverlässiger bei der Begleitung von Kindern und benutzen die Informationen und Fertigkeiten, die wir inzwischen gelernt haben. Wir haben vielleicht auch das Gefühl, dass wir uns und unsere eigenen Kinder nun besser verstehen, ihnen und ihren Schwierigkeiten toleranter gegenübertreten und sicherer in unserer Fähigkeit sind, andere zu erreichen, zu verstehen und zu beeinflussen.

Das Ende einer therapeutischen Begleitung

Die Begleitung von Menschen in ihren alltäglichen Schwierigkeiten ist ein Prozess, der reflektiert und beendet werden sollte, wenn er ein vereinbartes Ziel erreicht hat. Bei unserem Thema wäre dies der Fall, wenn sich Kinder stark und sicher im Hinblick auf ihre Fähigkeit fühlen, ihre alltäglichen Probleme ohne den Zuspruch eines Helfers zu bewältigen. Deshalb sollte die Beendigung eines professionellen Hilfeprozesses auf alle Beteiligten nicht als eine Beschränkung oder Beschneidung wirken, sondern als ein Gütesiegel für erreichte Erfolge. Wenn ein solcher Zustand erreicht worden ist, sollte man die Gesprächstermine mit dem betreffenden Kind reduzieren. »Du hast die ganze letzte Zeit hart an deinen Problemen gearbeitet. Du hast jetzt eine Ferienzeit verdient. Eine Zeit, in der du machen kannst, was du willst, eine Zeit, in der du Spaß haben kannst. Wir könnten uns deshalb nur jede zweite Woche sehen und das würde genügen. Wie denkst du darüber?« Bei einem jüngeren Kind, dessen Zeitgefühl noch anders entwickelt ist, könnte man sagen: »Ich denke, dass du mehr Zeit zwischen unseren Sitzungen brauchst, um zusammen mit deiner Mutter und deinem Vater zu sein und einfach zu spielen. Das ist besser, als wenn du immer den langen Weg zu unseren gemeinsamen Gesprächen auf dich nehmen müsstest.«

Ein solches Vorgehen lässt dem Kind die Option frei, zuzustimmen oder andere Vorschläge zur Verwendung des Zeitbudgets zu machen.

Irgendwann gibt es dann ein abschließendes Gespräch zwischen der Beraterin und dem Kind oder zwischen der Beraterin, dem Kind und den Erziehenden. Bei dieser Rückschau hat die Beraterin/der Berater die Chance, herauszufinden, ob die Aufgabe wirklich befriedigend beendet worden ist. Die gleiche Chance gilt auch für das Kind. Bei einer solchen abschließenden Sitzung kann man versuchen, zu verstehen und zu bewerten, was während der vorangegangenen Sitzungen passiert ist und was sich verändert hat. Bei einem Heranwachsenden oder einem Kind, das hypothetischen Fragestellungen zugänglich ist, könnte die Frage in den Vordergrund rücken: »Wir machen jetzt Schluss. Was sind die Dinge, die du mitnehmen und die du zurücklassen möchtest für deine künftige Entwicklung?«

Eltern und anderen Erwachsenen sei gesagt, dass alte Verhaltensweisen von Kindern nach einem Monat oder sechs Wochen wieder auftauchen können. Das wäre ein Anzeichen dafür, dass wir in unserer gemeinsamen Arbeit der Lösung der Probleme noch nicht so nahe gekommen sind, wie wir es eigentlich hofften. Vielleicht wird dann eine nochmalige Sitzung nach zwei Wochen oder einem Monat notwendig. Häufig ist eine solche Sitzung nach vier Wochen aber auch ein endgültiges Abschiednehmen. Manchmal geben Kinder auf die Frage, wie es ihnen geht, ganz realistische Antworten und fordern noch eine oder zwei oder drei zusätzliche Sitzungen. Und es gibt andere Kinder, die mit großem Selbstbewusstsein sagen: »Ich brauche keine zusätzlichen Sitzungen. Wir sollten die Sache heute beenden.« Aber es passiert auch manchmal, dass Kinder nach 12 oder 20 Monaten wiederkommen, weil der Stress des alltäglichen Lebens sie wieder vor neue Aufgaben stellt. Die Probleme, die dann auftauchen, lassen sich häufig in zwei oder drei Sitzungen besprechen und lösen. Kinder und Berater kennen sich dann so lange und so gut, dass sie wesentlich schneller als früher eine Lösung finden. Erwachsene, Berater und Kinder kommen häufig zu ihrem abschließenden Treffen mit Gefühlen der Freude, des Stolzes und der Zufriedenheit zusammen, allerdings in einer interessanten Kombination mit Trauer über die nun notwendige Trennung. Häufig ist es notwendig, dass ein Erwachsener dieses Gefühl der Trauer formuliert: »Als ich daran gedacht habe, dass wir uns heute zum letzten Mal sehen, habe ich gedacht, es wäre notwendig, dir zu sagen, welche fantastische Arbeit wir alle geleistet haben, die es ermöglicht hat, dass wir uns nun nicht mehr treffen müssen. Gleichzeitig aber möchte ich sagen, dass wir uns alle in dieser Zusammensetzung zukünftig vermissen werden.« Dabei sollte die Möglichkeit erneuerter Zusammenkünfte nicht ausgeschlossen, aber auch nicht allzu deutlich in den Vordergrund gestellt werden. »Ihr wisst ja, dass es immer möglich sein wird, dass wir uns wieder treffen, wenn ihr gravierende Probleme habt, die ihr glaubt nicht selber lösen zu können. Ich glaube, dass wir gezeigt haben, dass wir diese Probleme alle drei gemeinsam lösen können, oder?«

Es mag sein, dass wir als Beraterinnen dem Kind, mit dem wir so lange zu tun hatten, ein Geschenk überreichen wollen.

Auch das Kind hat vielleicht das Bedürfnis, uns so etwas wie ein Geschenk zurückzulassen. Es gibt Berater, welche die abschließende Sitzung als eine kleine Party organisieren, an deren Ende sie das betreffende Kind fragen: »Wie möchtest du heute Abend ›Auf Wiedersehen‹ sagen?« Dann wird es passieren, dass die Kinder die Berater und ihre Eltern oder die anderen Erwachsenen, die für sie Sorgen tragen, küssen und umarmen wollen. Und dann steht es der Beraterin gut an, sich mit den Worten zu verabschieden: »Ich bin froh, dass ich dich kennen gelernt habe. Ich habe in der Zusammenarbeit mit dir eine Menge gelernt. Ich habe dich lieb gewonnen. Ich bin sicher, du wirst auf dich aufpassen.«

Literatur

Bandler, Richard; Grinder, John; Satir, Virginia (2002): Mit Familien reden. Gesprächsmuster und therapeutische Veränderung. Stuttgart: Klett-Cotta
Bettelheim, Bruno (1997): Liebe allein genügt nicht. Stuttgart: Klett-Cotta
Bowlby, John (1980): Bindung. Eine Analyse der Mutter-Kind-Beziehung. Frankfurt a. M.: Fischer-Taschenbuch (Neuausgabe: Ernst Reinhardt Verlag, München 2006)
Bowlby, John (1976): Trennung. Psychische Schäden als Folge der Trennung von Mutter und Kind. Frankfurt a. M.: Fischer-Taschenbuch (Neuausgabe: Ernst Reinhardt Verlag, München 2006)
Bowlby, John (1994): Verlust, Trauer und Depression. Frankfurt a. M.: Fischer-Taschenbuch (Neuausgabe: Ernst Reinhardt Verlag, München 2006)
Brenner, Avis (1984): Helping Children cope with Stress. Lexington, Mass.: Lexington Books
Dreikurs, Rudolf (2003): Familienrat. Stuttgart: Klett-Cotta
Grollmann, Earl A. (1967): Explaining death to children. Boston: Beacon Press
Jewett, Claudia L. (1978): Adopting the older child. Harvard, Mass.: Harvard Common Press
Levin, Pam (1974): Becoming the way we are. Deerfield Branch, Fla.: Health Communication
Linn, Erin (1990): One hundred fifty facts about grieving children. Incline Villace, Nev.: The Publisher's Mark
Moody, Richard A.; Moody, Carol P. (1991): A family perspective: Helping children acknowledge and express grief following the death of a parent. Death Studies 15: 587–602

Lonetto, Richard (1980): Children's conceptions of death. Knoxville: University of Tennessee Press

Oaklander, Violet (1981): Gestalttherapie mit Kindern und Jugendlichen. Stuttgart: Klett-Cotta

Stuart, Irving R.; Abt, Lawrence Edwin (1981): Children of separation and divorce: Management und treatment. New York: Van Nostrand and Reinhold

Verstehen, was Kinder wirklich meinen ...

Vor allem bei seelischen Problemen ist es für Eltern, aber auch Therapeuten, Lehrer und alle in der Kinderfürsorge tätigen Personen, von entscheidender Bedeutung, im Gespräch mit den Kindern Zugang zu ihrem Erleben und ihren Bedürfnissen zu finden.

In diesem Buch beschreibt die Psychologin und erfahrene Kindertherapeutin Martine Delfos verschiedene Möglichkeiten, wie wir mit Kindern offene Fragegespräche führen können. Dabei steht im Vordergrund, dass wir die Meinung der Kinder wirklich erfahren und Zugang zu ihrem Erleben und ihren Bedürfnissen finden. Es geht darum, wie unsere Fragen bei Kindern, je nach Alter, ankommen und welche Antworten wir erwarten dürfen. Die ausführliche Beschreibung unterschiedlicher Gesprächstechniken und Gesprächsrahmen richtet sich nach dem jeweiligen Alter des Kindes und der Gesprächsabsicht.

Ein praxisorientiertes Buch für alle, die beruflich mit Kindern umgehen, und für Eltern, die ihre Kinder besser verstehen wollen.

Martine F. Delfos
»*Sag mir mal ...*«
Gesprächsführung mit Kindern
(4-12 Jahre)
Beltz Taschenbuch 128, 204 Seiten
ISBN 3 407 22128 2